철학, 나 좀 도와줘!

SHINYA NO AKASHINGOU WA WATATTEMO IIKA?

by Akinari Tomasu

Copyright © 2012 Akinari Tomasu All rights reserved.

Original Japanese edition published in 2012 by SAKURASHA Publishing. Co., Ltd., Japan.

Korean translation rights arranged with SAKURASHA Publishing. Co., Ltd., Japan.

and Cassiopeia, Korea through PLS Agency, Seoul.

Korean translation edition © 2014 by Cassiopeia, Korea.

얄팍한 생각 때문에 삶이 피곤한 당신을 위한 필수 철학 실용서

철학, 나 좀 도와줘!

초판 1쇄 발행 2014년 10월 10일

지은이 토마스 아키나리 | **옮긴이** 서라미

펴낸이 민혜영 | **펴낸곳** 카시오페아

주소 경기도 안양시 동안구 임곡로 43, 111-203 (비산동, 그린빌주공아파트)

전화 070-4233-6533 | **팩스** 070-4156-6533

홈페이지 www.cassiopeiabook.com | **전자우편** cassiopeiabook@gmail.com

출판등록 2012년 12월 27일 제385-2012-000069호

디자인 조혜상

ISBN 979-11-85952-04-8 (03100)

이 도서의 국립중앙도서관 출판시도서목록(CIP)은 서지정보유통지원시스템 홈페이지(http://seoji.nl.go.kr)와 국가
자료공동목록시스템(http://www.nl.go.kr/kolisnet)에서 이용하실 수 있습니다.

(CIP제어번호 : CIP2014028085)

얄팍한 생각 때문에 삶이 피곤한 당신을 위한 필수 철학 실용서

철학,
나 좀 도와줘!

토마스 아키나리 지음 | 서라미 옮김

카시오페아
Cassiopeia

철학은 무엇에 대해서든
생각할 수 있는 기술이다

철학은 모든 학문의 토대가 되는 다양한 것들을 소재로 한다. 여기서 중요한 말은 '모든'이다. 1층 건물이든 고층 빌딩이든 모든 건축물에는 공통으로 토대가 있다. 그러므로 토대에 대해 생각하는 철학은 무엇에 관해서든 이야기할 수 있다. 그런데 많은 사람이 철학이란 '삶의 방법을 말하는 학문'이라고 틀지어 생각한다. 또는 '인생에 대해 설교조로 하는 말'이라고 생각하기 일쑤다. 전혀 틀린 말은 아니지만 그것이 철학의 전부인 양 여기니 안타깝기 그지없다. 사실 삶의 방법을 논하는 것은 도덕철학이나 윤리학이 다루는 분야 중 하나에 지나지 않는다.

철학은 경제, 역사, 과학, 영화, 음악, 회화 등 다양한 분야에 두루 걸쳐 있다(요리 철학이라는 말도 있지 않은가?). 그러므로 철학이 삶의 방법만을 논하는 학문이 아니라 '무엇에 대해서든 생각할 수 있는 기술'이라는 인식이 널리 퍼졌으면 하는 바람이다. 철학이 일종의 생각하는 기술이라면 많이 모아둔다고 손해 볼 일은 없으니 말이다.

그렇다면 과거의 해묵은 생각법을 왜 모아두어야 할까? 그 이유는 같은 문제를 두 번 생각하는 헛수고를 줄일 수 있기 때문이다. 2500년 전부터 무수한 철학자들이 고민했던 문제들을 보면, 지금 우리가 고민하는 것들 대부분이 과거의 누군가가 이미 고민했던 문제라는 사실을 알 수 있다.

"진실은 있을까?"

"사람은 죽으면 어떻게 될까? 죽음이란 무엇일까?"

"세상은 왜 존재할까? 나는 왜 존재할까?"

"의식이란 무엇일까?"

"역사는 반복될까?"

2500년 전에 이미 언급되어 아득한 세월 동안 무수히 반복해온 이러한 질문들을 새삼 원점에서 다시 생각하기란 쉬운 일이 아니다. 건강해지기 위한 운동법이나 식사법을 오로지 자신의 힘으로만 찾고자 애쓰기보다는 경험이 있는 다른 사람에게 조언을 구하는 편이 나은 것은 당연하다. 철학도 마찬가지다. 과거의 철학자들이 고민해온 문제들 속에서 지금의 삶을 사는 지혜를 구할 수 있다. 그러므로 철학이라는 생각의 기술을 익혀두면 분명 도움이 될 것이다. 철학은 생각의 만능 나이프이므로 알면 알수록 삶이 편리해진다.

우리는 살면서 많은 질문을 한다. 그 질문들은 한밤중에 건널목에 섰을 때 반짝이는 빨간불을 보면서 건널까 말까 망설이거나, 쓰레기 분리수거를 대충 해야 할까 철저히 해야 할까처럼 소소해 보이는 문제일 수도 있다. 한편으로는 빈부격차는 왜 생길까? 인종차별은 왜 일어날까? 낙태는 허용해야 할까? 복제인간은 왜 금지해야 하는가? 안락사는 허용해야 할까? 사형제도는 있어야 할까? 와 같이 좀 더 생각해봐야 하는 질문일 때도 있다. 이런 문제의 근본을 생각하는 것이 바로 철학이다.

그런데 빈부격차, 정의, 또는 도덕심에 대해 무언가를 읽고 생각하려 해도 무슨 말인지 도통 모르겠다는 사람들이 많다. 최신 이슈로 시작하더라도 아리스토텔레스 같은 고대 그리스 철학으로 마무리되기 때문이다. 그러므로 철학사에 대한 배경지식이 있으면 지금 생각하는 고민에 대한 답도 한결 쉽게 찾을 수 있다.

철학의 역사는 생각법의 전람회와 같다. 미술 사조가 바뀌듯 시대에 따라 철학적 질문의 주제와 답이 바뀐다. 과거에는 인정되던 논리가 부정되기도 하고, 해묵은 이야기가 갑자기 화제가 되기도 한다. 철학자의 말들이 처음부터 제각기 흩어져 있는 듯한 느낌도 든다. 그러나 고대, 중세, 근대를 관통하는 철학의 흐름이 오늘날까지 이어져 우리의 일상과 연결되어 있다는 사실은 변하지 않는다.

이 책은 자연과 종교, 역사, 경제, 과학 등 다양한 분야를 넘나든다. 그러나 근본은 모두 연결되어 있다. 이 책을 읽는 여러분도 생각의 기술을 익혀 자유자재로 활용할 수 있게 된다면 저자로서 더할 나위 없이 기쁘겠다.

마지막으로 이 책을 기획하고 함께 고생해준 사쿠라야 편집부의 후루야 신고, 마쓰우라 사나에 씨에게 진심으로 감사드린다.

토마스 아키나리

차례

Chapter 01

옳고 그름을 정확하게
가를 수 있을까?

_ 정의와 목적

한밤중에 빨강 신호등이 켜졌다.
'건널까?'
'아냐. 건너지 말고 기다리자.'
우리는 왜 망설이는 걸까?

세상에는
철학이 아니면
풀지 못하는 문제가 있다

운전 도중 신호등이 파란불에서 빨간불로 바뀌었다. 만약 보는 이가 있다면 신호를 무시하지 않을 것이다. 그러나 목격자가 아무도 없다면 어떻게 행동할까? 다음 사례를 생각해보자. 깊은 산속 인적이 없는 건널목에서 신호가 빨간불로 바뀌었다. 그대로 건널 것인가? 아니면 아무도 없는 길에 서서 파란불로 바뀔 때까지 기다릴 것인가? 법을 지켜야 할까? 재빨리 건너야 할까?

일상은 철학적 판단의 연속이고 누구나 자신의 판단 기준을 근거로 행동한다. 양심에 찔리니까(이성의 소리). 모두 그렇게 하니까(공동체를 의식). 옛날부터 그렇게 했으니까(역사적 흐름). 이처럼 알게 모르게 철학적 근거를 사용하고 있다. '적은 사람을 희생해 많은 사람을 구한다'는 생각법은 공리주의다. 아래와 같은 상황에서 다양하게 생각해보면 옳음의 기준이 점차 희미해진다.

지하철에 노약자가 탔다고 해보자. 우리는 자리에서 일어나 노약자에게 자리를 양보하는 것이 도덕이라는 사실을 관습적으로 알고 있다. 이 경우를 철학적으로 생각하면 '자신을 희생해 노인을 도우라'는 칸트의 정언명령이 마음속에 울려 이에 따라 좌석을 양보하게 되는 것이다. 그러나 실제로는 노약자가 서 있는 곳 주변에 있는 사람이 자리를 양보한다. 이때 노인 앞에 있는 젊은이는 감기와 고열을 앓아 서 있기조차 힘든 상황일 수도 있다. 반면 그 옆에 앉은 남성은 자리에 앉을 필요도 없을 만큼 힘이 넘친다고 해보자. 이런 경우 몸이 아픈 젊은이는 '자신을 희생해 노인을 도우라'는 정언명령에 따라야 할까?

또는 긴급사태가 발생했을 때는 어떻게 해야 할까? 대지진이 발생한 순간 모든 사람의 마음속에 '타인을 도우라'는 정언명령이 울린다고 해보자. 모든 사람이 "이쪽으로 도망쳐요! 모두가 도망친 뒤에 나도 도망칠게요!"라고 외친다면 오히려 모두가 위험해진다.

한편 벤담의 공리주의에 따라 생각하면 최대다수의 최대행복을 목표로 해야 하고, 이를 위해서는 탑승자에 대한 조사가 먼저 이루어져야 한다. 자리를 양보하는 사람의 몸 상태나 노약자가 한시라도 빨리 앉고 싶다고 느끼는 정도, 어느 역에 내리는지 등도 고려해야 한다. 실제로는 이렇게 복잡한 것까지 생각해 자리를 양보하는 사람은 없겠지만, 당신이 피로에 지쳐 가까스로 발견한 자리에 앉아 안도의 숨을 내쉬었는데 하필 노약자가 내 앞에 선다면 어떻게 해야 할까? 이렇게 우리는 일상에서 끊임없이 나타나는 선택 상황에서 늘 철학적 주제와 마주한다.

우리는 이 장에서 정의란 무엇이고, 옳음을 결정하는 주체는 누구인지, 고민스러운 상황에서 어떻게 행동해야 하는지 생각해보게 될 것이다. 일견 당연해 보이는 것을 애써 생각해보는 이 여정에는 소피스트와 플라톤, 소크라테스와 아리스토텔레스가 도움을 줄 것이다. 세상에는 철학이 아니면 풀지 못하는 문제가 있다. 빨강 신호등에 길을 건너도 되는지 안 되는지에 대한 질문이 바로 그런 것이다.

옳다는 것은 무엇일까?

사전에는 "사물이나 경우가 있어야 할 자리에 적합하게 있는 상태를 말한다"고 나와 있다. 예를 들어 옳은 행위라고 할 때의 옳음은 도덕이나 법률에 어긋나지 않는 것을 말한다. 옳은 결론이라고 할 때의 옳음은 사리에 맞게 타당한 것을, 옳은 시각時刻에서의 옳음은 사회규범에 어긋나지 않고 들어맞는 것을 뜻한다. 이 밖에도 여러 가지 사례에서 옳음이 광범위하게 쓰인다는 사실을 알 수 있다.

우리는 왜 다양하게 선택할 수 있는 상황에서도 '이것이 옳다'라고 생각할까? 우리는 왜 한밤중에 빨강 신호등이 켜지면 '건널까? 아냐. 건너지 말고 기다리자'며 망설일까? 오늘날 우리를 고민에 빠지게 하는 '옳은 것이 정의다'라는 생각은 어떻게 생겨나 지금까지 이어져 왔을까?

그 출발점부터 살펴보자.

철학은 '우주의 근원^{아르케, arche}은 무엇일까?'라는 물음에서 시작되었다. 그전까지는 태양은 아폴론이 주관하고, 바다는 포세이돈이 다스린다는 신화에 따라 세상이 만들어진 과정을 설명했다. 그러다 기원전 7세기에 접어들면서 그리스에는 세상이 만들어진 과정을 물리학의 측면에서 생각하려 한 사람들이 나타났다. 우주의 근원인 아르케를 탐구하는 이 학문을 자연철학이라 하고, 아르케를 탐구하는 사람들을 자연철학자라고 부른다.

우리가 사는 세상은 변화로 가득하고 다양한 일들이 넘쳐난다. 그것들을 하나의 원리로 설명하지 않으면 불편하다. 철학은 본래 '세계는 무엇으로 만들어졌을까?', '어떻게 짜여 있을까?'라는 하나의 진리를 추구하는 데에서 시작한다. 변화하는 세계 속에서 절대 변하지 않는 원리가 있지 않을까? 오늘날에는 이런 생각을 자연과학의 영역으로 분류한다.

그러나 아무리 머리를 써도 철학이 아니면 해결할 수 없는 문제들이 남는다. 바로 "정의란 무엇인가?", "선^善이란 무엇인가?", "자유란 무엇인가?"와 같은 질문이 그렇다. 이것은 그리스 시대에 시작되어 현대의 우리에게도 던져진 질문이고, 아직 분명한 답을 얻지 못한 수수께끼다. 변화하는 세계에서 절대 변하지 않는 진리가 있을까? 철학이 던진 첫 번째 질문이 오늘날의 정의 문제에까지 길게 연결된 것이다. 이 장에서는 자연철학, 소피스트의 사상, 플라톤, 아리스토텔레스의 순서대로 살펴볼까 한다(기원전 14~7세기).

당연한 것을 애써 생각하다

탈레스^{Thales, 기원전 624~546년경}는 "만물의 근원은 물이다."라고 말했다. 그는 철학의 조상이라 불린다. 이 말은 문자 그대로 모든 것은 물에서 생겨났다는 의미다. 그가 말한 바로는 나무, 풀, 동물, 인간에 이르기까지 모든 것은 물이 변형된 것이다. 오늘날에는 이것이 오류라는 사실을 누구나 알고 있지만(지금은 물질을 이루는 가장 작은 단위인 소립자라는 개념이 알려져 있다) 여기서 중요한 것은 세상 만물을 하나로 설명하려 한 태도가 역사상 처음 나타났다는 사실이다. 이 발상이 생겨난 덕분에 현대 과학이 있다고 해도 과언이 아니다. 왜 만물의 근원을 물이라고 생각했는지는 알 수 없다. 동물이 수분을 갖고 있기 때문이라거나 탈레스가 살던 지역이 습한 곳이었다는 등 다양한 설이 있을 뿐이다.

그런가 하면 피타고라스의 정리로 유명한 피타고라스^{Pythagoras, 기원전 580~500년경}는 "만물의 근원은 숫자다."라고 했다. 물보다 한발 나아간 원리인 셈이다. 또 헤라클레이토스^{Herakleitos, 기원전 540~480년경}는 만물의 근원을 불이라고 보고 "만물은 끊임없이 변화^{유전, 流轉}한다"고 했다. 세상은 강물이 흐르듯 한순간도 멈춰 있지 않기 때문에 사람은 같은 강에 두 번 들어갈 수 없다는 뜻이다. 당연한 사실처럼 들리지만 당연한 것을 애써 생각하는 것이 바로 철학이다. 대체 세계는 왜 변하는 것일까? 변하지 않는 쪽이 안정적이고 자연스럽지 않은가? 세계는 왜 존재하고 변화까지 할까? 좀처럼 쉽게 답할 수 없는 질문이다.

변하는 세계, 변하지 않는 옳음

모든 만물은 서로 모순되고 대립하는 가운데 생성하고 소멸한다는 헤라클레이토스의 만물유전설萬物流轉說과 정반대로 생성과 소멸은 없다는 만유부동설萬有不動說을 주장한 사람은 엘레아 학파의 조상 파르메니데스Parmenides, 기원전 515~445년경다.

그의 생각은 "있음은 있고, 없음은 없다"는 말로 요약된다. 있음은 없어지지 않고, 없음에서 있음이 갑자기 생길 리는 없다. 따라서 세계가 변한다는 것은 착각이고, 실제로는 아무것도 줄거나 늘지 않는다는 것이다. 이를테면 현대 과학에서 말하는 에너지 보존의 법칙이 그렇다. 줄어든 것처럼 보여도 진짜로 없어지지는 않는다. 있는 것은 계속 있음의 상태로 존재한다. 또 없는 곳에서는 아무것도 생겨나지 않으므로 없음은 생각의 대상이 되지 못한다. 그러므로 세상에는 '있음'만 존재할 뿐이다.

자연철학자 중 한 사람인 데모크리토스Democritos, 기원전 460~370년경는 모든 것이 원자에 의해 구성되었다는 원자론atomism, 原子論을 주장한 인물로 유명하다. 모든 물질은 원자의 조합에 따라 생겨났다는 것이다. 머릿속 생각만으로 이 사실을 발견했다니 무척 비범한 인물임에 틀림이 없다.

엄청나게 복잡한 문제들을 그리스인은 2000년 전에 생각했고, 이는 오늘을 사는 우리와도 무척 관계가 깊다. "세상은 변화로 가득하지만 그래도 변하지 않는 것이 있지 않을까?" 이런 물음은 오늘날 물리적인 차원에서 심리적인 문제에까지 적용된다. 이는 결국 "누구에게나 옳은 것이 있을까?"라는 물음과 맞닿아 있다.

철학의 시작

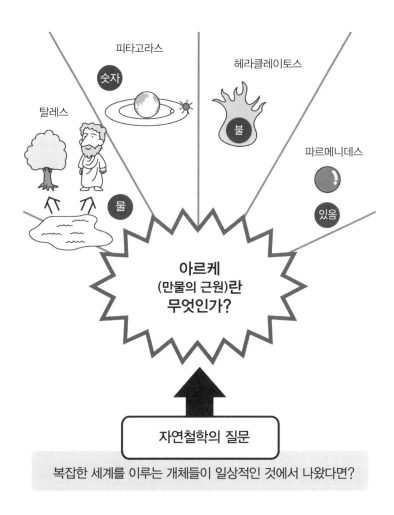

세계를 하나의 원리로 설명하려 했다

사람에게 이로운 쾌락, 즉 정의는 행복과 연결된다

데모크리토스는 사람이 어떻게 살아야 하는지에 대해서도 이야기했다. 그의 생각은 나중에 에피쿠로스(47쪽 참조)에게도 영향을 미쳤다. 데모크리토스는 행복해지기 위해서는 영혼을 생각해야 한다며, "이로운 쾌락만 받아들이고 아름다운 것에 대한 쾌락을 선택해야 한다"고 말했다. 이에 필요한 것이 분별력과 사려다. 유용성(이로움)을 기준으로 선택한 쾌락만이 영혼의 행복으로 이어진다는 것이다. 쾌락을 무조건 좋다고 한 것이 아니라 '이로운 쾌락'이 중요하다고 한 것은 현대에도 좋은 교훈이 된다.

또 이 유용성은 법과 정의(옳음)의 평가 기준이 되기도 한다. 법과 정의에 따라 살면 자연히 기분이 좋아지기 때문이다. 데모크리토스는 "법에 적합하게 행동하는 자는 대부분 건강하고 근심이 없지만, 정의를 거울삼아 비추어 보지 않는 자는 자신의 행위에서 불쾌함과 두려움을 느낀다"(단편)고 했다.

법은 '이렇게 하라, 저렇게 하라'고 강제하는 것만이 전부가 아니다. 우리가 법을 따르면 법은 우리에게 선善을 보여주고 이익을 가져다준다. 인간이 더 나은 생활을 하기 위해 존재하는 것이 법이므로 법은 인간이 행복해지는 방향으로 발달해왔다. 데모크리토스는 정의란 인간이 만든 구조이고, 국가나 개인에게 이익을 가져다주는 한에서만 가치를 가진다고 생각했다. 이는 근대 공리주의(144쪽 참고)와도 연결되는 관점이다.

한밤중의 빨강 신호등, 당신이라면 어떻게?

기원전 5세기, 아테네에 민주제가 발전하면서 변론술에 뛰어났던 소피스트(그리스를 중심으로 활동했던 철학사상가이자 교사)들이 활약했다. 그들은 상대주의를 주장했다고 전해진다. 상대주의란 쉽게 말해 '가치관은 사람마다 다르다'는 관점이다. '나는 나, 너는 너'인 것이다.

소피스트 중 한 사람이었던 프로타고라스Protagoras, 기원전 485~414년경는 "만물의 척도는 인간이다."라고 말했다. 당시 그리스인들은 세계를 '자연피시스, physis'과 '법률이나 관습 같은 제도노모스, nomoss'로 나누어 생각했다. 피시스에는 자연물을 비롯해 인간 고유의 호흡, 감각, 감정, 보행, 제작 등의 신체적 기능이 포함된다. 호흡하지 않는 사람은 없는 것처럼 이는 누구에게나 해당된다.

그러나 상대주의자들은 법률이나 관습과 같은 노모스는 인간이 정한 것이므로 자체적인 기준은 어디에도 없다고 생각했다. 선(좋은 것)이나 정의(옳은 것)는 때와 장소에 따라 바뀌므로 만물의 척도는 인간이라고 생각한 것이다. 이렇게 노모스와 피시스를 날카롭게 대비시킨 생각법은 노모스를 부정하는 것으로 이어졌고 결국 정의가 사회 안에 존재하는 방식에도 영향을 미쳤다.

이런 점에서 소피스트들이 주장하는 정의는 국가와 떼려야 뗄 수 없는 관계에 있다. 그러나 이들이 말하는 정의는 우리가 생각하는 정의와 다소 동떨어져 보이기도 한다. 우리는 정의란 언제 어디서나 변하지 않는 것으로 생각한다. 정의가 '관철하다'라는 동사와 자주 붙어 쓰이는 것에서도 알 수 있다. 그러나 소피스트들은 정의란 인간이 조절하기 나름이라는 견해를 가졌다.

오늘날의 상황을 예로 들어보자. 운전 도중 신호등이 파란불에서 빨간불로 바뀌었다. 만약 보는 이가 있다면 노모스(법률)를 의식할 테니 신호를 무시하지 않을 것이다. 그러나 소피스트의 방식으로 생각하면 다르다. 목격자가 아무도 없다면 피시스(자연), 즉 건너고 싶다는 마음(욕망은 피시스에 속한다)을 우선시해 자연에 가장 가까운 방향으로 행동하는 것이 맞다. 이것이 소피스트가 생각한 정의라고 말하면 다소 위화감이 들 수도 있겠지만, 다음 사례를 생각해보면 정의에 대한 생각이 좀 더 분명해질 것이다. 도심이 아닌 깊은 산속 인적이 없는 건널목에서 신호가 빨간불로 바뀌었다. 그대로 건널 것인가? 아니면 아무도 없는 길에 서서 파란불로 바뀔 때까지 기다릴 것인가? 법을 지켜야 할까? 재빨리 건너야 할까?

정의를 관철하면 바보가 된다!?

소피스트가 말한 바로는 법과 관습은 나중에 만들어진 것이지만 인간의 몸과 마음은 원래부터 있던 것이다. 법률은 인간들의 합의에 따라 만들어진 것이지 자연히 생겨난 것이 아니다. 그러나 인간은 다른 인간들의 합의와는 상관없이 자연의 섭리에 따라 태어나고 존재한다.

다시 말해 법과 떼어 생각할 수 없는 정의는 ('그곳에 산이 있다'는 사실과 같은) 자연과 비교하면 절대적 필연성이 부족하다. 법은 인간의 합의에 따라 만들어지기 때문에 "한밤중 깊은 산속 신호등에 빨간불이 켜졌다면 건너지 않아야 할까?" 같은 문제처럼 인간이 미처 신경 쓰지 못하는 부분에서는 힘을 잃는다. 이쯤 되면 노모스는 단순한 믿음에 지나지 않고 피시스만이 진리가 된다. 한발 나아가 "정의를 관철하면 바보가 된다"와 같은 당치 않은 변명까지도 가능해진다.

왜일까? 인간이 필요에 따라 만든 것이 노모스이기 때문에 법은 '빨간불 앞에서는 멈춰라'와 같이 인간의 욕망을 제한한다. 인간의 욕구는 자연스럽게 이익을 추구하지만, 법은 때로 자연을 속박해 고통이나 불이익을 가져다주기도 한다. 이런 관점에서 보면 정의란 법을 잘 이용할 줄 아는 사람에게만 이익을 가져다주는 것처럼 보여 법을 지키면 바보가 된다는 말이 나오기도 한다. "정의는 강자의 것"이라는 주장과도 통하는 면이 있다. 정의에 대한 사회 구성원들의 의혹은 이토록 깊다.

영웅은 정의로운가?

소피스트 중 한 사람이 이런 사례를 던졌다.

당신이 어떤 사건의 목격자여서 법정에서 증언하게 됐다. 그런데 "저 사람이 상점을 털었습니다."라고 사실대로 증언하면 보복을 당할지도 모른다. 진실을 말한 뒤 평생을 위험에 떨며 보내야 할지도 모른다. 당신에게는 가족도 있고 어떤 위협이 닥쳐올지 알 수 없다. 이때 당신은 생각할 것이다. 정의란 진실을 증언하는 것인가, 아니면 진실을 말하지 않는 것인가? 진실을 말해야 옳지만 가족을 생각하면 망설이게 된다. 이렇게 극단적인 상황까지는 아니더라도 우리는 일상에서 이와 비슷한 경우를 자주 접한다.

예를 들어 지하철 플랫폼에서 취객이 싸우고 있다고 하자. 경찰에 신고할 겨를도 없을 만큼 긴박한 상황이다. 보통은 싸움을 말리는 것이 정의다. 하지만 싸움을 말리기 위해 끼어들었다가 오히려 싸움에 휘말리거나 폭력을 휘두른 것으로 오해받아 범죄자 취급을 당할 수도 있다. 그결과 직장 생활에도 영향이 가고, 가족들마저 괴로워하는 상황이 발생한다면 과연 싸움을 말리는 것을 정의라고 할 수 있을까? 가족을 지키는 것은 정의가 아닐까? 어느 쪽이 옳을까?

많은 사람이 갈등을 귀찮게 여기고 실제로 갈등을 피하는 쪽으로 행동한다. 그러나 따지고 보면 이 역시 가족이나 주변인을 힘든 일에 끌어들일 수 없다는 나름의 정의에 근거한 것이다. 그렇다면 자신의 편의를 위해 무사히 넘기기만 하면 된다는 태도는 정의일까?

이렇게 생각을 이어가다 보면 영웅적인 행동을 두고도 선뜻 정의롭다고 말할 수 없을 것 같은 생각이 든다. 그리스 시대의 소피스트들은 이런 식으로 정의에 대한 의문을 던졌다.

옳고 그름을 명확하게 가리고자 했던 고집스러운 아저씨

소피스트라고 하면 말만 앞서는 변론가라는 이미지가 떠오르지만 사실 이들을 나쁘다고 할 만한 특별한 이유는 없다. 오히려 오늘날에는 소피스트의 상대주의를 유연한 사고방식의 방편으로 평가하기도 한다. 또 그리스 시대에도 소피스트의 철학적 논쟁이 있었던 덕분에 자연과 인간에 대한 사색이 널리 퍼졌다. 그러나 상대주의로 인해 정의의 기준이 흔들리게 되자 국가는 큰 타격을 받았다. 그러던 차에 소크라테스 Socrates, 기원전 469~399년가 등장해 질문을 던졌다.

"정의란 무엇일까?"

"선이란 무엇일까?"

"아름다움이란 무엇일까?"

이러한 논리적 문제를 탐구한 소크라테스는 오늘날 '논리학의 조상'이라 불린다. 논리학이란 "도덕이란 무엇인가?", "선악의 기준을 어디에서 구해야 하는가?" 같은 질문을 통해 바른 판단과 인식을 얻기 위한 올바른 사유의 형식과 법칙을 연구하는 학문이다.

상대주의가 '내 마음대로 주의'라면 소크라테스의 생각법은 '고집스러운 아저씨 주의'라고 할 수 있다. 옳고 그름을 흑과 백처럼 분명하게 가리고자 했기 때문이다. 그는 "누구나 마음속에 진실을 갖고 있고, 그 진실은 언제나 같다(객관적 진리가 존재한다)."는 사실을 밝히기 위해 노력했다. '나는 나, 너는 너'라는 상대주의와 달리 누구에게나 옳고 보편적인 진리를 추구하고자 했다. 그리고 진리에 다가서는 방법으로 문답법을 제시했다. 모든 사람의 마음속에 이미 옳은 것은 담겨 있기 때문에 질문하고 대답하기를 이어나가다 보면 내면의 진실이 드러난다는 것이 그의 생각이었다.

소크라테스는 청소년의 인격 형성과 교육에도 관심이 깊어 젊은이들이 모인 자리에서 그들과 문답하고는 했다. 그러나 소크라테스는 저작을 남기지 않았기 때문에 그의 문답법은 제자인 크세노폰이나 플라톤이 쓴 책을 통해서만 알 수 있다.

크세노폰Xenophon, 기원전 430~355년경은 소크라테스에 대해 이렇게 말했다.

> "소크라테스는 누구의 말도 결코 부정하지 않고, 대화를 나눈 사람들을 극진히 도울 만큼 정의로웠다. 선이 아닌 쾌락을 선택하는 일은 절대로 하지 않을, 극기심과 자제심이 강한 사람이다."
>
> "경건함이란 무엇인가, 선이란 무엇인가, 정의란 무엇인가, 절제란 무엇인가 등 인간에 대한 문제를 끊임없이 탐구하고 대답했다."
>
> 《소크라테스의 추억》

소크라테스가 추구한 진리는 플라톤의 방대한 저작인 《대화편》을 통해 짐작할 수 있다.

소크라테스의 문답법

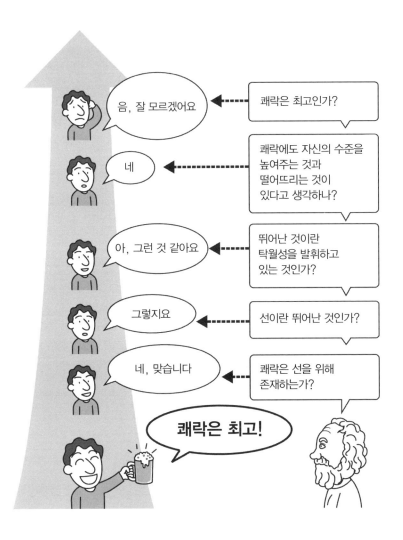

문답을 통해 진리를 도출한다

투명인간이 될 수 있는 반지를 손에 넣게 된다면 당신은 어떻게 할 것인가?

트라시마코스Thrasymachus, 기원전 459~400년는 소크라테스를 상대로 정의를 부정하는 주장을 편 인물이다(정의를 부정했다니!). 그에 따르면 "정의는 강자의 이익"이다. 정의란 인간들의 합의 위에 세워진 노모스에 지나지 않고 피시스적인 면에서 인간은 늘 부정을 바란다고 했다. 인간은 정의 자체를 발전시키기 위해 행동하는 것이 아니라, 강자에게 무언가를 빼앗기지 않기 위해 이득과 손해를 따진 결과 법을 지킬 뿐이라는 것이다. 법이 없는 편이 더 좋지만 그럴 경우 자신에게 불이익이 발생하므로 법에 의존한다니 꽤 설득력 있는 주장이다.

그는 또 이런 예도 들었다. 만약 기게스의 반지Ring of Gyges1를 갖게 되어 인간의 본성이 해방된다면 어떻게 될까? 만약 투명인간이 될 수 있는 반지를 손에 넣었다면 당신은 어떻게 하겠는가? 법을 무시하고 본성에 따라 이기적인 행동을 할 것인가? 아니면 내면의 다른 본성, 곧 소크라테스가 말한 진리에 따라 아무도 보지 않는 곳에서도 법을 지킬 것인가? 트라시마코스는 기게스의 반지를 지닌 자는 늘 부정을 추구한다고 했다. 그는 애초에 정의란 확고하게 존재하는 것이 아니고 정의인지 아닌지는 상황에 따라 상대적으로 결정된다고 했다. 정의는 의심받고 원칙은 사라진 것이다.

---

1 플라톤의 《국가》 2권에 나오는 마법의 반지로, 이 반지의 소유자는 자신의 의지에 따라 모습을 감출 수 있다.

진실은 정해져 있다

소크라테스는 선, 정의, 용기, 아름다움에 대한 정의定意, "~란 무엇인가?"를 묻는 방법으로 대화를 전개했다. 선이란 무엇인가라는 질문에 답하기 위해서는 선과 관련된 사례를 드는 것에 그치지 않고 선 자체를 설명할 수 있어야 한다. 정의라면 정의 자체를 설명해야 한다.

제자인 플라톤Plato, 기원전 427~347년경은 본질에 대한 소크라테스의 질문에 하나의 답을 냈다. 바로 이데아idea다. 이데아란 선, 정의, 용기, 아름다움 같은 윤리적 개념일 뿐 아니라 모든 사물의 본질이기도 하다.

예를 들어 "빨간색이란 무엇일까?"는 질문을 던질 경우 사과의 빨간색, 신호등의 빨간색, 꽃의 빨간색 등 다양한 빨간색을 가리킬 수 있지만 빨간색 자체에 대해 설명하기는 쉽지 않다. 더욱이 우리는 사물에 깃든 빨간색이 아닌 빨간색 자체는 인식할 수가 없다. 사과의 빨간색, 신호등의 빨간색, 꽃의 빨간색은 저마다 조금씩 다르다. 모든 빨간색에 공통으로 들어 있는 빨간색 자체는 막상 눈으로는 볼 수 없다. 빨간색의 기준이 되는 이 색이 바로 빨간색의 이데아다. 그렇다면 이데아는 어디에 있을까? 철학자들은 우리가 살고 있는 세계現象界, 現象界를 초월한 이데아계英智界, 英智界에 있다고 생각했다.

그러므로 이데아 자체를 보거나 만질 수는 없다. 오늘날의 우리는 이해하기가 무척 어렵지만, 다양한 사회 속에 이데아의 원리가 존재한다고 생각하면 이를 정의와도 연결지어 생각해볼 수 있다. 플라톤은 정의의 이데아에 대해서도 생각했다. 인간은 모든 것을 이데아에 기초해 판단한다. 소크라테스가 추구한 객관적 진리에 따르면, 일상을 초월한 곳에 절대적 기준인 이데아가 존재한다. 우리는 이 보이지 않는 규칙에 따라 선과 악을 판단한다. 플라톤은 진리가 다른 세계 어딘가에 이미 정해져 있다고 믿었다. 어딘가에 절대적인 정의의 기준이 존재한다고 믿으면, 인간은 욕구에 따라서만 움직이지 않고 옳음을 기준으로 행동하게 될 것으로 생각한 것이다.

사람과 국가의 바람직한 존재 방식을 생각하다

소크라테스는 국가(폴리스)의 일원으로 어떻게 살아야 좋을지를 생각했다. 그의 제자인 플라톤도 이를 이어받아 인간이 국가 안에서 어떻게 살아야 할지를 고민했다. 그는 개인이 살아가는 방식과 국가의 존재 방식을 연결하여 장대한 철학을 만들었다. 이것이 바로 정치철학이다. 플라톤이 말한 바로는 지배자 계층, 수호자 계층, 생산자 계층이 저마다 자신의 자리를 지키며 지혜와 용기, 절제를 충실히 행할 때 국가는 전체적인 균형을 유지한다. 이 균형이 정의이고 올바르게 살아가는 방법이다. 한발 더 나아가 그는 철인정치哲人政治를 주장했다.

> "마음 깊이 지혜를 사랑하는 사람(철학자)이 국가를 지배하거나, 정권을 쥐려는 사람이 신의 섭리에 따라 진정으로 지혜를 사랑하게 되지 않는 한 인류는 악행을 멈추지 않는다."
>
> 《국가》

플라톤의 이데아론

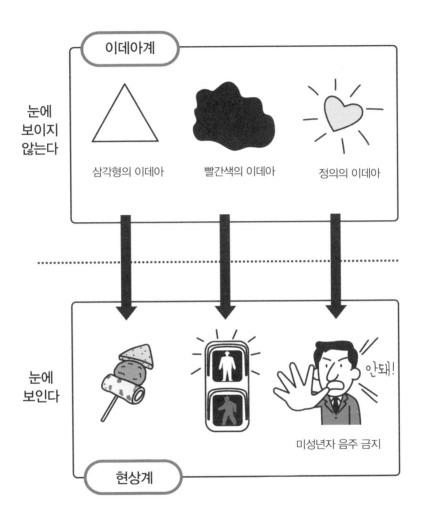

진실은 다른 세계에서 이미 정해져 있다

여기서 철학자란 이데아를 인식하고 사랑하는 사람이다. 철인정치를 하려는 사람은 무엇보다 먼저 선善의 이데아를 배워야 한다. 그렇다면 플라톤의 제자였던 아리스토텔레스Aristoteles, 기원전 384~322년경는 이데아에 대해 어떻게 생각했을까?

세상은 목적을 갖고 있다?

아리스토텔레스는 플라톤의 이데아론을 비판했다. 플라톤도 꽤 충격을 받지 않았을까 싶다. 아리스토텔레스는 저절로 생긴 자연물이든 인간이 만든 인공물이든 세상에 존재하는 만물에는 두 가지 면이 있다고 생각했다. 바로 형상과 질료다.

형상은 설계도에, 질료는 재료에 비유할 수 있다. 청동 조각상은 조각상이라는 형상과 청동이라는 질료(재료)가 결합해 만들어진다. 여기서 형상이 바로 플라톤이 말한 이데아에 해당한다. 플라톤은 이데아가 현상계를 초월한 이데아계에 존재한다고 생각했지만, 아리스토텔레스는 이데아, 즉 형상이 각각의 사물 안에 담겨 있다고 생각했다.

질료에 해당하는 청동은 가능태可能態라고 바꿔 말할 수 있다. 미래에 동상이 될 예정이고 지금은 그전 단계라는 뜻이다. 그리고 이 청동이라는 질료가 조각상이라는 형상을 갖추면 동상이라는 현실계가 완성된다. 목적론에서는 세상의 모든 변화를 재료가 목적을 지닌 채 특정 형태를 향해 가는 것으로 설명하고, 모든 현상을 가능태에서 현실태로 바꿔는 과정으로 본다. 피리를 불지 못하는 사람은 피리를 불게 될 가능태이고, 피리를 부는 사람이라면 현실태이다. 이들 각자는 형상이라는 목적을 갖고 변화한다.

씨앗이 나무로 자라는 것 역시 씨앗의 형상이 나무의 형상으로 목적을 갖고 변화하는 것이다. 아리스토텔레스는 세계의 모든 존재가 목적을 향해 움직인다는 '목적론적 세계관'을 주장했다. 그러나 근대에 들어 '기계론적 자연관'(67쪽 참고)이 우세해지면서 목적론적 세계관은 점점 힘을 잃었고 오늘날에는 별다른 지지를 얻지 못하고 있다.

그러나 요즘도 이따금 "목적론적으로 생각해야 하는 것들이 있지 않을까?"라는 문제가 종종 제기된다. 모든 존재가 기계처럼 움직인다고 믿는 과학적 세계관에서는 이해하기 어렵겠지만, 인간의 마음은 논리적인 설명만으로는 완전히 이해되지 않는 경우가 많기 때문이다. 역시 우리가 사는 세계에는 특정한 의미가 있는 것이 아닐까? "무엇을 목적으로?"라는 물음에 정확한 답을 얻기 어렵다 해도 인간은 끊임없이 이러한 의문을 품게 된다.

목적 없는 인생은 허무하다

아리스토텔레스는 인간의 모든 행위는 '선한 것'을 목적으로 한다고 말했다.

아리스토텔레스의 목적론

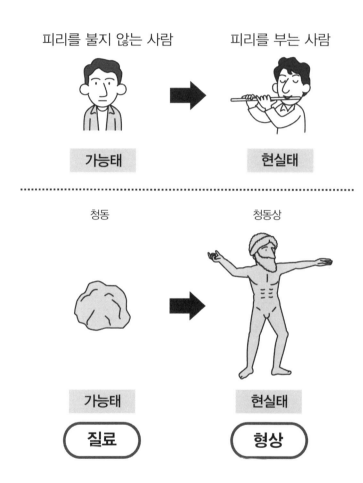

피리를 불지 않는 사람

피리를 부는 사람

가능태

현실태

청동

청동상

가능태

현실태

질료

형상

세계는 목적을 갖고 움직인다

" 선한 것을 목적으로 행동하기 위해서는 그것과는 다른 선을 목적으로 하여 그것을 얻기 위해 노력해야 한다.…… 이처럼 선을 목적으로 행위가 이루어지기 위해서는 늘 이것과 다른 선을 목적으로 해야 하고, 이것을 얻기 위해 노력하다 보면 우리의 욕구는 공허해진다."

《니코마코스 윤리학》

입시를 위해 공부를 하고, 취직을 위해 구직활동을 하고, 출세하기 위해 열심히 일하며 쫓기듯 살다 보면 결국 목적을 알 수 없는 인생을 살게 된다. 욕구의 최초 목적은 충족되지 않은 채 시작과 끝이 희미해진다. 같은 자리를 빙글빙글 도는 듯한 느낌이다. 이런 상황을 어떻게 생각하면 좋을까?

아리스토텔레스가 말한 바로는 욕구가 발동하기 위해서는 욕구의 궁극적인 목적이 '그 자체를 위해 추구되는 선'이어야 한다. 아리스토텔레스는 이를 '최고선'이라 불렀다.

인간은 특정 목적을 갖고 행동하고 이 목적이 달성되면 행동은 끝난다. 행동은 그 안에 담긴 목적이 확실히 드러날 때 형태를 띤다(행동의 형상). 예를 들어 걷는 행동은 남들 눈에는 모두 같아 보이지만, 버스정류장에서 걷는 것과 산책을 하며 걷는 것은 다르다. 우리는 걷는 행위를 설명할 때 발을 교차시켜 앞으로 나아가는 방법이나 근육의 움직임 따위를 기계적으로 설명한다. 그러나 걷는다는 것을 목적론적으로 생각하면 이동하기 위한 걷기인지 운동을 위한 걷기인지 목적에 따라 다양하게 생각할 수 있다.

인생의 목적은 행복해지는 것

우리는 목적을 이루기 위해 행동한다. 축구를 관람하기 위해, 영화를 보기 위해, 음악을 듣기 위해, 친구와 술을 마시기 위해 등 목적을 이루기 위한 행동이 줄줄이 이어진 것이 우리네 삶이다. 그러나 우리는 "무엇을 위해 사는가?"라는 질문에는 좀처럼 대답하기가 쉽지 않다. 작은 차원의 목적은 대답할 수 있지만 더 큰 차원의 목적, 곧 "무엇을 위해 살아가는가?" 같은 질문에는 답하기가 어렵다. 목적의 목적의 목적까지 끊임없이 파고들어 더는 파고들 수 없는 막다른 지점을 발견하면 그것이 바로 인생의 목적이다. 아리스토텔레스는 이 막다른 지점에서 만나게 되는 것이 행복이라고 생각했다. 행복이야말로 인간이 누릴 수 있는 가장 선한 생활이자 최고선이다.

더 파고들 것이 없는 막다른 상태에서 "그렇다면 무엇을 위해 행복해야 하는가?"라고 묻는다 한들 나올 수 있는 대답은 "그냥 행복하기 위해서"가 전부다. 그렇다면 인간은 무엇을 행복이라 부를까? 아리스토텔레스는 행복을 세 가지로 나누었다.

1. 향락적 생활 _ 쾌락을 선이라고 생각하는 세속적인 사람들이 선택하

인생의 목적

인생의 목적을 파고들다 보면 가장 끝에 남는 것은 행복이다

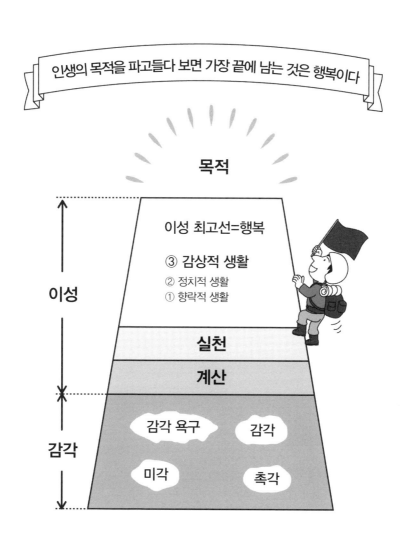

목적

이성 최고선=행복

③ 감상적 생활
② 정치적 생활
① 향락적 생활

이성

실천

계산

감각

감각 욕구   감각

미각   촉각

행복은 인간의 최고선이다

는 생활로, 가축과 같은 수준의 생활이다.

2. 정치적 생활 _ 명예를 선이라 생각하는 사람들이 선택하는 생활이다.

3. 감상적 생활 _ 존재의 진리를 알고 이를 멀리서 바라보는 것을 기쁨으로 여기는 사람들이 선택하는 생활이다.

선한 태도란 중간을 취하는 것

아리스토텔레스에 따르면 행복은 인간 고유의 활동, 즉 로고스(이성)를 동반하는 영혼의 활동으로 얻을 수 있다. 덕$^{arete, 德}$에 기초한 영혼의 활동이야말로 행복이다. 덕이란 인간 고유의 뛰어난 활동을 의미한다(기량이라는 말로 바꿀 수 있다).

곤경에 빠졌을 때 어떤 태도를 보이는가? 또는 감정을 어떻게 표현하는가에 따라 그 사람의 존재 방식을 알 수 있다. 화를 내거나 분노하는 것은 인간의 자연적인 본성이기 때문에 이는 어쩔 수 없다. 울컥 치미는 화는 막을 수 없지만 울컥하는 감정을 이성으로 다스릴 수는 있다. 그러므로 태도에는 반드시 그 사람의 선택이 들어가 있다. 선한 태도란 감정에 과도하게 휩쓸리지 않는 태도, 지나치게 강하지도 약하지도 않은 중간을 취하는 태도다. 예를 들어 분노에 크게 반응하면 성미가 급한 사람이고, 분노가 부족한 사람은 겁이 많은 사람이다. 수치심이 너무 많으면 소심해지고, 너무 없으면 뻔뻔해진다. 중간이 가장 이상적이다.

인간의 덕은 이해의 덕과 성격의 덕 두 종류로 나눌 수 있다. 이해의 덕은 교육을 통해 쌓을 수 있고 여기에는 경제력과 시간이 든다. 반면 성격의 덕은 습관에서 생겨난다. 인간이 아닌 사물에는 습관이 없다. 예를 들어 돌을 천 번 던진다고 한들 돌에 상승하는 습관이 생기지는 않는다. 그러나 덕은 습관으로 완성된다. 그러므로 덕을 따르는 습관을 들이는 것이 중요하다.

우리는 올바른 행위를 함으로써 올바른 사람이 되고, 용감한 행위를 함으로써 용감한 사람이 된다. 중간적 태도를 보이기 어려운 오늘날의 환경에서 현대인은 대개 한쪽으로 치우치기 마련이다. 자는 시간이 모자라 수면부족에 시달리는 사람이나 "5분만 더……"라며 이불에서 나오지 못한 채 결국 하루를 허비하는 잠꾸러기, "한 입만 더"라며 몇 배나 많이 먹어 다이어트를 망치는 사람이나 며칠씩 폭식하고는 다 토해버리는 생활로 몸을 망가뜨리는 사람은 모두 작은 일에도 마음속 진자가 크게 흔들려 중간을 취하기가 어려운 사람들이다.

마음을 중간에 유지하기 위해 의식적인 노력을 하지 않으면 우리의 생활은 극단으로 치우치기 쉽다. 되는대로 생활하다 보면 되는대로 지내게 된다. 이러한 성향은 습관이 되어 되는대로 매사를 넘기게 된다. 그러므로 선한 행위에 습관을 들여서 선한 사람이 되는 것(덕을 몸에 익히는 것)이 중요하다. 이렇게 아리스토텔레스는 규율을 따르는 생활의 중요성을 강조했다.

다른 사람과의 관계 안에 행복이 있다

아리스토텔레스가 한 유명한 말 중에 "인간은 태어나면서부터 정치(폴리스)적 동물이다."라는 말이 있다. 사람은 혼자 살 수 없고 공동체를 조직하는 본성을 지닌다. 아리스토텔레스는 "공동체 생활을 하지 못하는 사람 또는 그럴 필요가 없을 만큼 자족하는 사람은 국가의 일원이 아니라 짐승이거나 신이다."《니코마코스 윤리학》라고 했다.

그렇다면 아리스토텔레스가 말한 정의란 무엇일까? 그것은 공동체, 즉 사람들과의 연결에서 실현된다. 아리스토텔레스의 사고방식 안에서 "법에 저촉되지 않으면 정의다"라는 소피스트의 생각은 절대 용납되지 않는다. 그가 생각하기에 인간이 행할 수 있는 덕 중 최고의 덕은 정의, 곧 올바름이다. 정의로운 덕에 따라 행동한다면 그것이 곧 최고선이고 행복이다.

사람과 사람 사이의 연결 안에서 행복을 실현할 방법을 고민하는 것은 정치가의 몫이다. 국가의 구성원인 우리도 어떻게 하면 세상을 더 좋게 만들 수 있는지 고민해야 한다. 이것이 정치철학이다. 우리는 사회라는 공동체 안에서 함께 산다. 그러므로 사회의 모든 구성원이 정치에 흥미를 갖고 정치가 어떠해야 하는지 생각하는 철학을 가져야 한다.

원자력 발전소, 에너지, 사형제도, 소득세나 소비세, 인권 등 뉴스에 자주 등장하는 화제의 뿌리에는 "우리가 행복해지기 위해 어떻게 해야 하는가?"라는 철학적인 문제가 담겨 있다.

최근 미국에서 인종 문제나 빈부격차 같은 사회적 갈등을 어떻게 바라봐야 할지를 논하는 정치철학이 전개되고 있다. 특히 커뮤니티를 중시하는 미국의 힘이 키워낸 정치사상가를 공동체주의자communitarian (211쪽 참고)라 부른다. 그들은 아리스토텔레스의 주장을 중요시한다. 이익이나 결과만을 중시하는 기계론적이고 공리주의적(144쪽 참고)이며 쾌락주의적인 현대 사회에 목적이라는 관점을 도입함으로써 새로운 측면을 보게 된 것이다.

목적을 중심에 놓고 생각해보면, 인생의 목적은 행복을 추구하는 것이다. 최고선인 행복은 철학을 바탕으로 이성을 활용해 진리를 인식함으로써 얻을 수 있다. 더욱이 공동체 생활과 정의는 떼려야 뗄 수 없는 개념이므로 이에 대해 생각해보자는 관점에서 정치철학이 널리 퍼지고 있다. 이익만 생각하는 현대인에게 목적을 묻는 좋은 계기다.

Chapter 02

좋아하는 것과 이로운 것 중
무엇을 선택해야 할까?

_ 쾌락과 금욕

'담배를 피울까?'
'아냐. 몸에도 나쁜데 끊자.'
그런데 왜 담배를 피는 사람은
쉽게 끊지 못하는 걸까?

인간은
쾌락과 금욕 사이에서
끊임없이 흔들린다

너도나도 건강을 외치는 요즘 담배를 피우는 사람의 수는 점점 줄고 있다. 그러나 담배가 몸에 해롭다고 아무리 이야기하고, 담배에 세금을 지금보다 몇 배는 더 매긴다 해도, 담배를 피우는 사람이 완전히 사라지지는 않을 것이다.

담배를 좋아하는 사람은 한 모금의 쾌락을 쉽게 포기하지 못한다. 그러면서도 금연에 성공한 사람의 이야기를 들으면 내심 조급해한다. 담배라는 쾌락에 몸을 맡겨도 괜찮은 걸까, 아니면 금욕적으로 금연을 선택해야 할까? 인간의 마음은 쾌락과 금욕 사이에서 끊임없이 흔들린다. 철학자들은 쾌락과 금욕 사이의 균형을 어떻게 생각해왔을까?

그리스 시대 말기, 그리스 북방 마케도니아의 왕 필리포스 2세^{Philippos}

II, 기원전 382~336년는 폴리스(도시국가)의 동맹군을 무찌르고 그리스를 지배했다. 뒤이어 왕위에 오른 그의 아들 알렉산드로스 대왕^{Alexandros, 기원전 356~323년}은 페르시아와 이집트를 지배한 뒤 인더스 강 서쪽까지 군대를 진군시켜 제국을 건설하였다.

알렉산드로스 대왕이 왕자였을 때 그를 가르친 가정교사가 아리스토텔레스였다. 덕분에 그리스 문화에 친숙했던 알렉산드로스 대왕은 정복지에도 그리스 문화를 퍼뜨리고자 했고, 이를 계기로 동방세계에 그리스 문화가 퍼져나갔다. 이 시대를 헬레니즘 시대라 부른다.

그러나 헬레니즘 시대에는 폴리스가 사람들을 연결하는 힘이 약해졌다. 폴리스 단위의 연결이 점차 사라지고 대신 '코스모스'라는 개념이 생겨났다. 코스모스란 세계, 우주, 자연 질서 등을 가리키는 말이다. 코스모스를 폴리스로 하는 코스모폴리티스^{cosmopolitis, 세계시민}는 "인간은 우주라는 큰 도시의 시민"이라고 말한다. 그리스인을 국가라는 좁은 단위의 구성원으로 보는 것이 아니라 세계와 우주, 자연 질서의 일원으로 보는 큰 사고방식이다. 그리고 새로운 헬레니즘 시대에 등장한 새로운 철학이 바로 에피쿠로스학파와 스토아학파다. 이는 자연철학(16쪽 참고)과도 이어지는 사상이었다.

쾌락주의자는 뷔페를 싫어한다?

에피쿠로스^{Epikouros, 기원전 341~270년}의 철학을 쾌락주의라 부른다. 지금도 에피큐리언epicurean2 이라는 말을 자주 들을 수 있다. 그런데 아이러니하게도 에피쿠로스는 에피큐리언과는 정반대의 철학을 주장했다.

인간이 쾌락을 추구하고 고통을 피하려 하는 것은 자연스러운 이치다. 에피쿠로스는 태어났을 때부터 있었던 으뜸가는 선이 쾌락이라는 사실을 인정하고 "우리는 쾌락을 출발점으로 삼아 모든 것을 선택하거나 기피한다"고 말했다. 미와 덕조차도 쾌락을 안겨준다면 존중해야 하지만 쾌락을 주지 않는다면 돌볼 필요가 없다고 생각했다.

에피쿠로스는 미식을 위해 하루에 두 번 구토했다는 이야기가 전해 내려오는데 사실 이는 전혀 신빙성이 없다. 오히려 그는 "빵과 물만 있으면 제우스와도 행복을 견줄 만하다"고 호언장담했다. 소문과는 정반대의 말이다. 현재 남아 있는 자료로 미루어봐도 후자 쪽이 더 타당해 보인다.

여기서 질문을 던져보자. 1시간 30분 이내라면 고기를 무제한으로 먹을 수 있는 고기 뷔페는 과연 에피쿠로스의 쾌락주의에 부합할까? 뷔페에 가면 너무 많이 먹어서 더는 못 먹겠다고 생각하면서도 더 먹지 않으면 손해라고 생각해 부지런히 음식을 담아 나르게 된다. 이를 과연 에피쿠로스적이라고 할 수 있을까?

대답은 '아니다'이다. 쾌락은 고통과 연결되어 있다. 즉 고통을 없애

---

2 원래는 에피쿠로스의 사상을 신봉하는 정신적 쾌락주의자를 뜻했지만, 지금은 의미가 바뀌어 관능적, 찰나적인 쾌락을 추구하는 사람들을 지칭한다.

거나 줄일 수 있는 여지가 있어야 쾌락도 생기는 것이다. 공복이라는 고통이 먹는다는 행위로 충족되는 것, 즉 결핍으로부터 충족으로 이행하는 것은 동적動的인 쾌락이다. 따라서 최대의 쾌락은 고통이 완전히 사라진 단계에서 달성된다.

적당히 배가 부르면 이미 고통은 사라지고 없다. 이 상태가 에피쿠로스가 말한 쾌락이다. 즉 마음에 불안이 없고 몸에 고통이 없는 평정상태, 이 무고통의 상태를 정적靜的인 쾌락이라고 한다. 그런데 뷔페에서는 먹는 양이 만족의 최대치를 초과하므로 쾌락은 다시 고통으로 바뀐다.

고통의 제거가 곧 쾌락의 극한이다. 그러나 고통이 완전히 사라지면 그 뒤에 더해지는 쾌락은 아무리 강도를 높인들 소용이 없다(허기가 채워지면 더 이상 욕망을 느끼지 못한다. 이때 쾌락을 추구한다고 더 먹을수록 오히려 더 고통스러워진다). 쾌락주의 철학은 이렇게 '고통이 없는 상태(무고통)'를 추구한다. 그러므로 미식과 향락에 가까운 에피큐리언보다는 오히려 소박하고 검소한 생활과 더 잘 맞는다. 폴리스가 붕괴되어 터전을 잃은 사람들이 어떻게 살아야 할지를 고민한 결과 나온 것이 헬레니즘 철학이라는 점을 생각해보면 과연 그 시기에 나올 법한 철학이라는 생각에 고개를 끄덕이게 된다.

그럼에도 뷔페의 쾌락을 칭송하는 사람들에게는 무슨 말을 해야 할까? 삶은 자신의 욕망을 조절하는 방향으로 나아가야 한다.

에피쿠로스학파의 쾌락주의

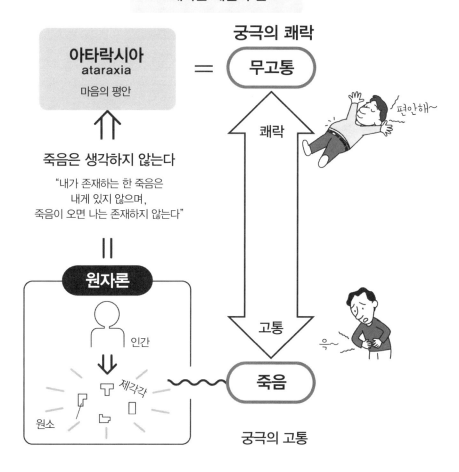

쾌락주의

쾌락은 제일의 선

궁극의 쾌락

아타락시아
ataraxia

마음의 평안

= **무고통**

편안해~

쾌락

죽음은 생각하지 않는다

"내가 존재하는 한 죽음은
내게 있지 않으며,
죽음이 오면 나는 존재하지 않는다"

=

원자론

인간

제각각

원소

고통

으

죽음

궁극의 고통

쾌락이란 고통이 없는 것

담배는 마음의 평온함에 필요할까?

에피쿠로스는 데모크리토스의 원자론(18쪽 참고)을 이어받아 죽음의 극복에 관해 이야기했다. 인간은 죽으면 원자로 돌아가므로 죽음은 살아 있는 사람에게는 존재하지 않는다는 것이다.

> "내가 존재하는 한 죽음은 내게 있지 않으며, 죽음이 오면 나는 존재하지 않는다."
>
> 《메노이케우스에게 보내는 편지》

인간은 살아 있는 한 죽음과 맞닥뜨릴 일이 없다. 그러므로 살아 있는 인간에게 죽음은 존재하지 않는다. 이렇게 인간의 궁극적인 문제인 죽음에 대한 공포를 없애면 마음이 편안해진다.

정의 또한 쾌락과 연결지어 생각할 수 있다. 사회를 이룬 구성원들이 쾌락을 얻고 고통을 피하려면 서로 협력해야 한다. 그러므로 부정을 행하는 자에게는 고통스러운 징벌을 내린다. 에피쿠로스의 유명한 말 중 "숨어서 살아라."라는 말이 있다. 골치 아픈 인간관계 때문에 마음이 심란해지는 것을 피하기 위한 생각법이다. 에피쿠로스는 인간의 가장 이상적인 상태를 '아타락시아ataraxia, 마음의 평온'라고 보았다.

그러므로 담배도 흡연을 시작하기 전에 먼저 생각해야 한다. 담배는 한번 피우기 시작하면 끊기가 매우 어렵다. 앞으로 담배를 피우려는 사람이라면 담배를 피워서 얻을 수 있는 마음의 평온함에 대해 생각해보면 좋겠다.

이미 흡연가여서 담배를 피우지 않으면 고통스럽고 담배 한 모금만으로 마음이 편안해진다면 이때 담배는 아타락시스를 위한 수단이 된다. 그러나 비흡연가라면 담배를 피우지 못해 괴로운 상황도 없을 것이므로 해소해야 할 고통도 없다. 요컨대 에피쿠로스적으로 생각하면 사치 없이 최소한의 것들로 소박하게 생활하는 것이 가장 이상적이다.

그렇다면 흡연자가 담배를 끊고 싶다면 어떻게 해야 할까? 이런 사람에게는 금욕주의가 필요하다.

금욕적인 생활법이야말로 자연에 따르는 생활법

이번에는 스토익stoic이라는 말의 근원이 된 스토아학파에 대해 알아보자. 스토익은 금욕적, 극기적이라는 뜻이다. "그는 스토익하다"라고 하면 열정적으로 일하고, 술도 마시지 않고, 한가한 시간에는 운동하며 근육을 단련하는 사람의 이미지가 떠오른다.

에피쿠로스가 실제로는 에피큐리언(쾌락주의자)과 정반대의 이미지였던 것과 달리 스토아학파는 스토익(금욕주의자)과 떼어서 생각할 수 없다. 로마 시대에 크게 유행한 스토아학파는 키프로스의 제논Zēnōn3, 기원전

---

3 "거북이가 먼저 출발하면 아킬레스는 거북이를 따라잡을 수 없다"는 제논의 역설을 주장한 제논과는 다른 사람이다.

335~263년이 아테네 시내의 광장에서 철학을 논하며 창립한 것으로 알려졌다. 세네카^{Lucius Annaeus Seneca}, 에픽테토스^{Epictetos}, 마르쿠스 아우렐리우스^{Marcus Aurelius} 등이 이 사상을 이어갔다. 특히 마르쿠스 아우렐리우스는 로마 오현제 중 한 사람이기도 하다.

스토아학파를 창립한 제논이 권한 삶의 방식은 '자연에 따라 사는 것'이다.

'자연에 따라 산다'고 하면 언뜻 숲을 거닐며 자연과 공존하는 이미지가 떠오르지만, 스토아학파가 말한 자연은 이와 다르다. 또 있는 그대로 살라고 말한 노장사상과도 다르다. 스토아학파가 말한 자연은 '원래 있는 방식'이다. 동물의 자연은 본능이지만 인간의 자연은 이성이다. 인간은 이성(로고스)에 따라 살아가므로 인간이 자연에 따라 산다는 말은 '이성적으로 산다'는 말이 된다. 자연에 따르는 삶이 본능을 억누른 금욕적인 생활로 연결되는 것은 이 때문이다. 헬레니즘 철학은 아리스토텔레스의 목적론과 맞닿아 있다.

인간은 목적에 따라 행동한다. 목적의 대상은 그 자체를 위해 추구되는 것, 다른 것에 근거하지 않는 것이다. 이성에 따라 산다는 말은 곧 본능을 억제한다는 말이다. 마음속에 일어나는 참을 수 없는 충동, 정열을 정념 또는 파토스라고 부른다. 이는 감정이나 욕구와 관련된 것이다.

스토아학파의 금욕주의

스토아학파는 삶과 죽음, 명예와 불명예, 부와 빈곤처럼 마음속에 혼란을 불러일으키는 것들에 일체 신경 쓰지 않는 '무정념=부동심(아파테이아)'의 상태를 최고로 여겼다. 이에 따르면 현자는 어떤 상황에서도 욕구를 억제할 수 있고 내면의 덕과 사려가 파손되지 않아 늘 행복하다.

현자라면 자살해도 괜찮다!

인간은 이성을 지닌 존재인 만큼 정의로운 행동을 해야 한다. 스토아학파에 따르면 정의란 어미와 새끼 간의 이타적인 행동, 예를 들어 둥지에 있는 새끼를 천적으로부터 보호하기 위해 어미가 제 발로 덫에 들어가는 것과 같은 행동이다. 남을 먼저 생각하는 마음을 바탕으로 하며 이것이 곧 사회적 행동의 기준이 된다.

현실의 사회관계에서 우리는 각자가 맡은 배역에 맞게 해야 할 행동을 생각하고 그것을 실행할 의무가 있다. 스토아학파에서는 설사 자신이 원하지 않은 역할이라도 사회를 위해서 실행해야 한다고 주장한다. 이런 것을 보면 스토아학파도 퍽 엄격했던 것 같다.

또 정념을 억누르고 부동심을 추구하는 스토아학파의 철학은 극단적으로는 자살을 긍정하는 데까지 나아간다. 일반적으로 자살은 좋지 않은 것으로 여기지만 스토아학파에 따르면 자살은 선도 악도 아닌 중립적인 행위다. 자살을 부정적으로 보기 시작한 때는 기독교 윤리가 성립한 이후부터다. 스토아학파에 따르면 현자는 납득할 만한 이유만 있다면 스스로 세상을 떠날 수도 있다.

> "자신이 너무 비참하다면 죽음은 항구다. 죽음은 모든 것으로부터 도망칠 항구이자 피난처다."
>
> 에픽테토스의 《어록》

스토아학파 중 한 사람이었던 에픽테토스Epictetos, 55~135년경가 무조건 자살을 지지한 것은 아니다. 그는 타인을 위해 자신을 희생해야 할 때나 불치병에 걸렸을 때, 노예가 되느니 차라리 죽음을 선택하겠다는 절규처럼 개인의 존엄을 지켜야 할 때 등 특정 조건에서의 자살만을 긍정했다. 그러므로 사는 것이 마음대로 되지 않아 죽음을 선택한다는 것은 그가 말한 조건에 해당하지 않는다. 에픽테토스의 이러한 생각은 현대의 안락사 문제와도 통하는 면이 있어 윤리적으로 생각해볼 계기를 마련해준다.

자연이 정한 인류 보편의 법

스토아학파에서 자연을 따라 산다는 말은 이성을 따라 산다는 말과 같은 의미였다. 이는 스토아학파가 보편적인 이치, 즉 로고스가 존재한다는 사실을 인정했기 때문이다.

인간은 이성을 통해 우주의 이치를 알고 선을 행할 수 있다. "도둑질을 하면 안 된다"는 보편적인 법이 이미 존재하고, 인간은 이성이라는 안테나로 그것을 이해한다. 그리고 이러한 생각을 바탕으로 법을 만든다. 그러나 법은 나라마다 내용이 다르다. 또 종종 선과 대치되는 법도 있다. 그렇다면 선한 법인지 악한 법인지는 어떻게 결정할 수 있을까? 스토아학파에 따르면 자연에 정해진 올바른 이치에 맞는지 아닌지로 판단할 수 있다. 이렇게 자연에 정해진 이치, 인간의 본성에 뿌리내린 보편적인 이치가 '자연법'이다.

자연법 개념은 로마 시대에 법전을 편찬하는 과정에서 중요한 역할을 했고, 근대의 사회계약설(사람들이 서로 계약을 맺은 결과 사회가 생겨났다고 보고 이를 바탕으로 정치권력의 정당성을 설명하는 학설)의 등장에도 큰 영향을 미쳤다. 사회계약설을 현대식으로 전개한 인물이 미국의 정치철학자 존 롤스^{John Rawls, 1921~2002년}다. 롤스는 저서인 《정의론》에서 '공정으로서의 정의^{Justice as Fairness}'를 주장했다.

그런데 이 자연법 개념은 신과 무척 밀접한 관계에 있다. 일본에서 신이란 산이나 강을 지배하는 존재이고 그 종류도 800만에 가까울 만큼 많지만, 서양에서 신이란 오직 하나뿐인 유일한 존재이자 우주의 탄생을 비롯해 모든 인간 행동의 원리로 여겨진다. 일신교라고 하면 다양한 신이 있는 가운데 하나를 선택해 믿는 것으로 생각하기 쉽지만 그렇지 않다. 일신교란 세상에 신은 오직 하나라는 의미다. 따라서 진리도 하나이며 이에 따라 인간의 모든 행동 규칙이 정해진다. 자연법이란 신이 만든 우주에 공포된 헌법 같은 것이고 이 자연법을 따르는 것이 바로 정의다.

서양철학을 이야기할 때 신을 빼놓을 수 없는 이유가 여기에 있다. 동시에 서양철학이 어렵게 느껴지기는 이유 또한 여기에 있다. "또 신 이야기야?"라고 생각하는 사람도 적지 않은데, 이런 경우 신이라는 말을 '최고의 존재'나 '우주의 원리' 등으로 바꿔 말할 수 있다.

Chapter 03

내 마음대로 할 수 있는 일이 있을까?

_ 운명과 자유

'내 운명의 상대는 있을까?'
그렇다면
내 운명은 정해져 있을까?
스스로 만들어가는 것일까?

인간은
자유롭게 무엇이든
될 수 있다!

만약 점쟁이가 "당신과 결혼할 운명의 상대는 정해져 있다"고 말한다면 믿겠는가? 또는 나와 결혼한 배우자는 정말 내 운명일까? 그렇다고 대답한다면 인생은 이미 정해져 있으므로 스스로 미래를 바꾸는 것이 불가능하다고 말하는 꼴이 된다. 즉 자유는 없다는 말이다. 반대로 운명은 스스로 만들어가는 것이라고 생각하는 사람은 스스로 미래를 바꾸는 것이 가능하고 따라서 자유가 있다고 믿는 것과 같다. 그러나 자유가 정말 존재한다면 어째서 내 마음대로 세상을 살거나 원하는 대로 행동할 수 없는 것일까? 모든 일을 마음대로 할 수 없다면 자유의 경계는 어디일까?

이렇게 꼬리에 꼬리를 물고 생각을 이어가다 보면 자유의 경계는 어느새 희미해진다. 자유는 아주 오래전부터 많은 철학자가 고민해온 문제이기도 하다.

'르네상스'라는 말은 14~16세기에 걸쳐 이탈리아에서 시작되어 전 유럽에 퍼진 대규모 문화적, 사회적 혁명운동이다. 르네상스는 직전 시대인 중세시대에 대항하는 움직임이었다. 중세의 기독교적인 생각법 안에서는 인간의 삶이 이미 신에 의해 정해져 있으므로 죄를 뉘우치고 다시 죄를 짓지 않으며 소박하게 사는 것만이 올바른 삶이었다.

그러다 철학자들 사이에서 새로운 흐름이 생겨나기 시작했다. 기독교는 인간의 자유의지가 악을 향하고 있고 자유의지 때문에 죄가 생겨났다고 믿었지만, 르네상스 시대에는 인간이 자유의지를 지닌 덕분에 무엇이든 할 수 있고 자신의 운명을 만드는 것도 가능해졌다고 믿는 적극적인 사고방식이 생겨났다.

르네상스 시대 이탈리아에서는 플라톤과 아리스토텔레스의 저서가 널리 읽혔다. 여기에서 약간은 오컬트적인 세계관이 파생되어 인기를 끌기도 했다. 고대 그리스 시대에 우주를 대우주 macrocosmus, 마크로코스모스로, 인간의 몸을 소우주 microcosmus, 미크로코스모스로 보고 이 둘이 서로 대응한다고 보는 이론이 등장했는데 르네상스 시대에 이것이 다시 유행했다. 지식인의 정신은 우주처럼 넓고, 그는 작은 우주이면서 동시에 큰 우주라고 생각했다.

피코 델라 미란돌라 Pico della Mirandola, 1463~1494년는《인간의 존엄에 대하여》라는 책에서 인간에게는 어떠한 속박도 없고 자유의지에 의해 바라는 것은 무엇이든 될 수 있다고 했다.

> "아담이여, 나는 너에게 일정한 자리도, 고유의 면모도, 특정한 임무
> 도 부여하지 않았다. 어느 자리를 차지하고, 어느 면모를 취하고, 어느
> 임무를 맡을지는 너의 희망대로, 너의 의사대로 취하고 소유하라."

피코 델라 미란돌라는 한발 나아가 자유의지가 발휘된 적극적인 힘을 강조했다.

자연을 조종하는 힘을 손에 넣다

그런데 아리스토텔레스의 철학(32쪽 참고)은 르네상스 시대 유럽에 곧바로 퍼진 것이 아니라 이슬람 세계로 수출되었다가 다시 유럽으로 들어왔다. 중세 이슬람 세계는 물질을 돈으로 바꾸거나 만 명을 한 번에 치료할 수 있는 '현자의 돌Philosopher's Stone'이 존재한다고 믿었다. 그리고 현자의 돌을 발견하기 위해 연금술사들이 다양한 연구를 했다.

자유의지가 있는 것이 인간의 존엄

연금술사들의 기본적인 생각법은 아리스토텔레스의 "만물은 완전을 목적으로 한다"는 생각에서 발전한 것이었다. 아리스토텔레스가 말한

'4원소(불, 공기, 물, 흙)'와 '4성질(건, 습, 냉, 온)'을 조합하여 동, 철, 아연 같은 비금속을 재료로 금, 은 같은 귀금속을 만들고자 한 것이다. 연금술사들의 실험 덕분에 다양한 증류기, 소화기, 온습기 등이 발명되어 결과적으로 화학이 발전했다.

한편 근대 영국의 경험론 철학자이자 과학자인 프랜시스 베이컨Francis Bacon, 1561~1626년은 "아는 것이 힘이다."라고 말했다. 그는 관찰과 실험을 통해 자연의 법칙성을 발견한 뒤 이를 역으로 이용하여 자연을 지배할 수 있다고 보았다. 이는 귀납법이라고 불리며 현대에 큰 영향을 미쳤다.

여름은 덥고 겨울은 추운 것이 당연하지만 자연을 앎으로써 냉방과 보온 기술을 발명한 것처럼 인간이 자유의지를 갖고 지혜를 이용해 자연을 조종하는 것을 베이컨은 "아는 것이 힘"이라고 표현했다. 그러나 환경파괴와 원자력 사고 등 인간의 앎이 폭주한 결과 벌어진 참상을 생각하면 덮어놓고 "아는 것이 힘"이라고 말할 수만은 없다. 인간은 자연의 비밀을 알게 되면서 그에 따르는 큰 책임도 떠안게 되었다.

이상적인 정치보다 쓸모 있는 정치

르네상스 시대에 활동한 이탈리아의 정치사상가 중 《군주론》으로 유명한 니콜로 마키아벨리Niccolò Machiavelli, 1469~1527년가 있다.

그는 정치를 종교, 도덕과 떼어서 생각했다. 또 군주는 여우 같은 교활함과 사자 같은 강인한 힘으로 통치해야 하며, 때에 따라서는 완고하

르네상스의 사상

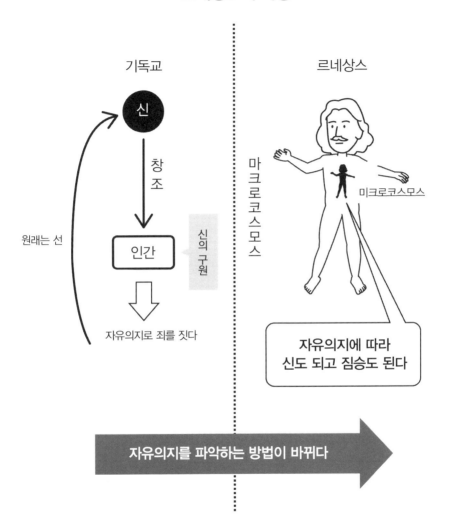

기독교

르네상스

신

창조

인간

신의 구원

원래는 선

자유의지로 죄를 짓다

마크로코스모스

미크로코스모스

자유의지에 따라
신도 되고 짐승도 된다

자유의지를 파악하는 방법이 바뀌다

자유의지가 있는 것이 인간의 존엄

게 행동할 필요가 있다고 여겼다. 신하들에게는 사랑받기보다 두려움의 대상이 될 것을 강조하기도 했다. 그전까지 공화국이나 군주국가의 이상은 플라톤의 '철인정치'(30쪽 참고)의 영향을 받아 이데아론을 바탕으로 하고 있었다. 그러나 마키아벨리는 정치를 위해 효과적 진리la vérité effective를 추구했다. 플라톤이 세계를 두 가지(이데아계와 현상계)로 구분했다면, 마키아벨리는 우리가 사는 세계(플라톤이 말한 현상계)에서 쓸모 있는 진리를 추구했다.

플라톤이 이데아론을 전제로 국가론을 펼쳤다면 그의 제자인 아리스토텔레스는 "인간은 본능적으로 정치적인 동물"이라고 말하며 사람에게는 더 선하게 살기 위해 자연공동체를 조직하는 본능이 있다고 했다. 반면 마키아벨리는 인간은 이기적이고, 이러한 인간이 만든 세계에 질서를 유지하기 위해 국가의 강제력이 필요하다고 생각했다.

마키아벨리가 말한 권력을 지닌 국가관은 아리스토텔레스가 말한 국가관과는 꽤 다르다. 마키아벨리는 사람들이 손해를 보지 않기 위해 법을 만들고 이를 어기는 자에게 형벌을 내리도록 정했으며 정의 또한 이러한 시스템 안에서 생긴다고 생각했다. 그에 따르면 국가의 군주는 정의를 유지할 만큼 강인한 힘을 지닌 인물이나 사려 깊고 정의로운 인물이 선택되어야 한다. 그러고 보면 슈퍼맨이나 울트라맨 같은 영웅 캐릭터는 예외 없이 파괴적인 힘을 지닌 것으로 묘사된다. 정의와 힘으로 연결되어 있다고 본 것이다. 이렇게 정의로운 영웅은 어느 정도 강제력을 지녀야 하는가 보다.

모든 것을 의심해 진리를 발견하기

르네상스 시대에는 마술적 자연관[4]도 발전했지만 이와 함께 기계론적 자연관이 싹튼 시기이기도 하다(16세기). 기계론적 자연관은 훗날 데카르트와 홉스가 주장한 것인데 여기서는 먼저 유럽의 대륙합리론을 살펴보자.

인간은 이성을 이용해 옳음을 판단할 수 있다고 믿으며 이성을 절대적으로 신뢰하는 입장이 합리론이다. 반면 이성이 아니라 경험으로 판단하는 입장을 경험론이라고 한다. 이 두 사상은 앎의 원천을 둘러싸고 마치 두 줄기 강물처럼 나란히 흐르다가 어느 순간 교차하기도 한다.

아리스토텔레스의 철학과 이를 기독교 식으로 해석하여 계승한 스콜라 철학을 주장한 이들은 자연계의 다양한 현상을 영혼 또는 내적인 목적으로 설명했지만, 대륙합리론을 내세운 이들은 기계론적 자연관을 주장했다. 이것은 기계론이라는 이름에서 알 수 있듯 세상을 장기판의 말이나 당구대의 공처럼 관성적인 움직임으로 설명하려 했다. 태초에 빅뱅 같은 힘으로 존재가 생겨난 뒤 모든 것이 인과관계에 따라 나타나고 사라졌다는 것이다.

17세기에 활동한 프랑스 철학자 르네 데카르트^{René Descartes, 1596~1650년}는 기계론적 자연관을 주장한 대표적인 인물이다. 데카르트는 왜 세계가 기계

---

4 자연 탐구를 중시하되 자연의 과학적 원리를 탐구하는 것이 아니라 자연의 근원적 생산력의 비밀을 탐구하는 관점.

론적으로 움직인다고 생각했을까? 그 생각의 흐름을 간단히 살펴보자.

데카르트는 절대적으로 확실한 진리를 구하기 위해 모든 것을 철저히 의심했다. 철학의 토대이자 출발점이 되는 제1진리는 절대 의심을 용납하지 않는 것이어야 하기 때문이다. 이를 '방법적 회의'라고 부른다. 의심이 가는 것을 모두 의심한 뒤 아무리 의심해도 의심할 수 없는 것이 남는다면 그것이 제1원리일 것으로 생각했다. 말 그대로 철저한 의심이다.

우선 데카르트는 감각은 확실하지 않다고 생각했다. 물이 가득 담긴 컵 안에 막대를 담그면 휘어진 것처럼 보이지만 실제 막대는 전혀 휘지 않은 것과 같은 이치다. 물론 감각 중에는 의심할 수 없는 것도 있다. 이를테면 내가 방 안에 있다, 난로에 불이 켜져 있다, 겨울옷을 입고 있다 등이다. 그러나 데카르트는 이마저 의심했다. 왜냐하면 우리는 꿈을 꿀 때 그것이 꿈이라는 사실을 의식하지 못하기 때문이다. 그렇다면 방에 있다는 현실도 어쩌면 꿈일지 모른다. 난로나 겨울옷의 감각도 꿈일지 모른다. 이렇게 따지다 보면 수학적 진리마저 의심하게 된다.

2+3=5라는 명백한 진리도 어쩌면 전능한 신이 그렇게 생각하도록 정해놓은 것인지 모른다. 그렇다면 우리는 계산할 때마다 잘못된 답을 믿는 것이 된다. 여기까지 의심을 하고 나면 더는 확실한 것은 아무것도 없는 듯하다. 인생이 허무한 느낌이다. 그러나 데카르트는 모든 것을 의심해도 의심할 수 없는 것이 꼭 한 가지 있다는 사실에 생각이 미쳤다.

그것은 '지금 나는 의심하고 있다'는 사실이다.

데카르트의 방법적 회의

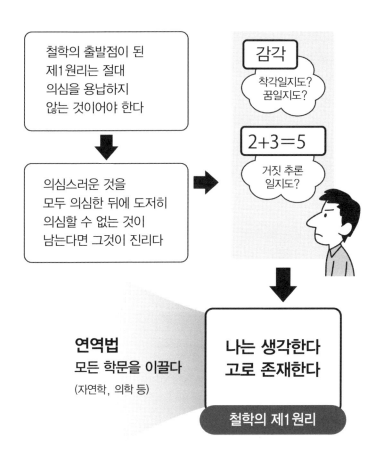

철학의 출발점이 된 제1원리는 절대 의심을 용납하지 않는 것이어야 한다

의심스러운 것을 모두 의심한 뒤에 도저히 의심할 수 없는 것이 남는다면 그것이 진리다

감각

착각일지도? 꿈일지도?

2+3=5

거짓 추론 일지도?

연역법
모든 학문을 이끌다

(자연학, 의학 등)

나는 생각한다 고로 존재한다

철학의 제1원리

절대 진리를 추구하기 위해
모든 것을 의심하고 제1원리를 발견

생각하는 나는 리얼한 존재!

이것은 도저히 의심할 수가 없다. 왜냐하면 '내가 지금 의심을 하고 있나?'라고 생각한 순간에 의심하고 있다는 사실이 자동으로 명확해지기 때문이다. 이는 의심하는 나, 곧 생각하는 나가 확실히 존재한다는 사실을 의미한다. 생각하는 나가 존재하지 않으면 '내가 지금 의심을 하고 있나?'라는 생각조차 못하지 않겠는가. 그래서 데카르트는 아래와 같은 결론에 도달했다.

> "이렇듯 모든 것이 거짓이라고 생각하는 순간에도 그런 생각을 하는 나는 필연적으로 무엇인가여야 한다. 그래서 '나는 생각한다. 고로 존재한다'라는 진리는 회의론자의 어떠한 상정에 의해서도 흔들리지 않을 만큼 견고하고 확실한 것임을 인정하기 때문이다. 나는 이 진리를 내가 구하고 있던 철학의 제1원리로서 이제는 안심하고 받아들일 수 있다고 판단했다."
>
> 《방법서설》

이렇게 해서 데카르트는 "나는 생각한다. 고로 나는 존재한다"를 철학의 제1원리로 삼았다. 그리고 이를 토대로 연역법(일반적 원리에서 특수한 원리나 사례를 더듬어가는 방법)에 따른 다양한 학문이 생겨났다.

마음과 몸을 철저히 분리한 '물심이원론'

그런데 데카르트는 생각하는 나(정신)와 육체(물체)는 전혀 다른 성질을 가졌고 각각 독립적으로 존재한다고 여겼다. 이를 물심이원론物心二元論이라고 한다. 정신과 물체는 모두 '실체(그 자체로 존재하고 다른 것을 필요로 하지 않는 것)'이지만 정신의 본질은 사유思惟하는 것이고, 물체의 본질은 연장延長하는 것(장소를 취하는 것)이므로 이는 전혀 다른 차원의 존재라고 여긴 것이다.

먼저 물체 없이도 정신 자체가 스스로 생각한다는 사실을 알 수 있다. 이와 마찬가지로, 물체 역시 정신과 전혀 관계없이 연장이라는 3차원의 공간적 충만성이라는 성질로만 나타난다. 여기에서 정신의 속성은 사유이며, 물체의 속성은 연장이다. 정신은 사유하지만 연장이 없는 실체이고, 물체는 사유하지 않고 다만 연장을 가진 실체일 뿐이다. 이처럼 두 가지는 서로 독립적으로 존재한다. 정신과 물체를 엄격하게 분리해버린 데카르트의 입장에서는, 정신이란 것이 사유하는 존재에게만 있다고 주장했다.

또한 데카르트는 영혼불멸을 증명할 수 있다고 생각했다. 정신과 신체는 전혀 다른 실체이고 신체가 없어져도 정신은 그대로 남는다고 여겼으며 신의 존재도 증명하고자 했다.

영혼의 존재를 완전히 밝혀내기 어렵지만 적어도 이원론에 따르면 물체의 움직임만큼은 철저한 기계론과 결정론으로 설명할 수 있다. 물체의 움직임에 한해서는 정신적인 요소(아리스토텔레스가 말한 목적)를 생각할 필요가 없기 때문이다.

이전에는 아리스토텔레스와 스콜라학파의 목적론적 세계관의 영향으로 물체와 정신의 경계가 모호했다. 그러나 데카르트는 이 두 가지를 완전히 구별했다. 이 두 가지는 각기 독립적으로 떨어져 있어서 서로 아무런 영향을 주고받지 않는다.

따라서 그는 사유 능력이 없는 동물은 단순한 기계와 다를 바 없다고 주장했다. 데카르트는 물질세계는 정신과 상관없이 존재하며 이성적 능력으로 신이 주신 물리법칙에 따라 움직이는 거대한 기계라고 생각한 것이다. 이렇게 데카르트는 물체에서 정신적 요소를 모두 배제하여 기계적인 세계관을 확립했다.

"나는 생각한다. 고로 나는 존재한다"라는 데카르트의 제1원리의 주인공은 인간 '나' 자신이다. 고대 그리스 철학 이후로 '세계를 탐구하며 바라보기만 하던 인간'이 '주체적으로 사유하는 인간'으로 된 것이다. 바라보는 일을 하는 것이 곧 자기 자신이라는 점을 깨닫게 되었다고 할까? 이렇게 데카르트는 정신의 자발성과 자유를 인정했다.

더욱이 정신은 사고한다는 것만으로, 다시 말하면 신체 없이도 존재할 수 있기 때문에 심신의 실제적 구별도 확정된다. 데카르트에 따르면 놀라움, 기쁨, 두려움, 사랑 같은 감정과 욕망 등의 정념(파토스)은 신체를 통해 들어와서 정신에 의해 통제된다(데카르트는 오로지 사유하는 것만을 정신의 기능으로 보았다). 정신은 정념을 지배하고 통제한다. 인간은 이렇게 정신과 신체가 하나가 되어 상호작용하며 존재한다.

데카르트는 정신이 자발적인 의지로 정념을 제어한다는 점에서 빼어나다고 생각했다. 그런데 이 기계론을 계속 따라가다 보면 결정론과 만나게 된다. 결정론이란 모든 것의 운명이 이미 결정되어 있다는 생각법인데, 그렇다면 인간의 자유는 어떻게 되는 것일까?

당신은 정말로 자유로운가?

자유의지란 철학적으로 아주 큰 주제다. "당신은 자유로운가요?"라고 물으면 대개 "자유로울 때도 있고 그렇지 않을 때도 있다"는 대답이 돌아온다.

예를 들어 지하철을 타는 것은 자유이지만 일단 타면 마음대로 내릴 수는 없다는 점에서 자유롭지 않다. 자유로이 돈을 쓸 수는 있지만 자유롭게 돈을 벌 수는 없다든지, 자유롭게 먹을 수 있지만 자유롭게 살을 뺄 수는 없다는 등 다양한 사례가 있다. 그러나 적어도 우리는 자유를 갖고 있다고 믿는다. 무언가를 결정할 때에도 자유롭게 의사결정을 한다고 생각한다.

그런데 조금 더 생각해보면 이상한 점이 있다. 예를 들어 차에 시동을 걸 때를 생각해보자. 우리는 자유로운 의지에 따라 차에 시동을 걸었다고 생각한다. 그런데 과연 우리가 차에 타고 있지 않았다면 시동을 걸 생각을 했을까? 차에 탄 상황이 시동을 걸게 만든 원인이 된 것은 아닐까? 그렇다면 완전한 자유는 아니게 된다. 그러면 차에 탄 상황은 어떨까? 이는 자유의지에 따른 행동이었을까? 회사에 간다든지 장을 보러 간다든지 차를 타야만 하는 상황 때문에 선택한 결과일 가능성이 크다. 이렇게 보면 이 역시 완벽하게 자유로운 행동은 아니다.

요컨대 무언가를 자유롭게 결정했다고 생각해도 그에 앞선 원인이 없었다면 그러한 행동을 해야겠다는 생각조차 들지 않았을 것이다. 이렇게 보면 사실 모든 결단은 자유롭기는커녕 필연적으로 결정된 것이다. "만약 그때 그랬다면……" 하고 후회할 때에도 그 시점까지 상황을 거꾸로 되돌려본다 한들 같은 행동을 반복하는 것 외에 다른 방법이 없을지도 모른다. 이렇게 자신의 의지로 자유롭게 행동한다는 것은 환상에 지나지 않고, 모든 것이 결정되어 있다는 생각법을 '결정론'이라고 한다.

영국의 경험론(4장 참고)에서는 자신이 자유롭다고 생각하고 행동하는 것을 자유라 부르기 때문에 인간이 자유를 갖는 것은 당연하다고 본다. 그런가 하면 유럽 대륙의 합리론에서는 모든 것이 인과관계로 연결되어 있으므로 자신이 자유롭다고 생각한 것도 사실은 이미 결정되어 있고, 자유 따위는 존재하지 않는다고 생각한다(5장에 나오는 칸트라는 철학자는 이를 통합하여 자유의 존재를 인정했다).

어느 쪽이든 "지금 의자에 앉아 있는 것은 나의 순수한 자유의지일까, 아니면 다른 힘이 작용한 것일까?"라는 물음에 자신 있게 대답하기는 어렵다. 이는 내 운명이 이미 결정된 것이냐 아니냐는 문제로도 연결된다.

데카르트의 물심이원론

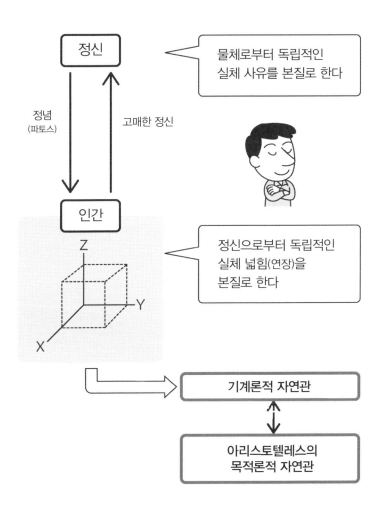

정신

물체로부터 독립적인
실체 사유를 본질로 한다

정념
(파토스)

고매한 정신

인간

Z

Y

X

정신으로부터 독립적인
실체 넓힘(연장)을
본질로 한다

기계론적 자연관

아리스토텔레스의
목적론적 자연관

물체와 정신의 애매한 경계선을 분명히 구분했다

기하학 방법으로 철학 해보면

네덜란드 암스테르담에서 유대 상인의 아들로 태어난 스피노자^{Bauch de}는 철학, 자연학, 정치학을 탐구했다. 그는 데카르트보다 더욱 철저한 합리론을 주장했다. 그가 쓴 《에티카》는 정의, 공리, 정리의 형태를 취하는 유클리드 기하학에 따라 기술하여 철학 서적 중에서도 무척 독특한 책으로 알려져 있다.

> [정리 2] 신 또는 각각 영원하고도 무한한 본질을 표현하는 무한한 속성으로 이루어진 실체는 필연적으로 존재한다.
>
> [증명] 이것을 부정하는 사람은 만약 가능하다면 신이 존재하지 않는다고 생각하라. 그렇게 하면 공리 7 "존재하지 않는다고 생각되는 것은 그 본질이 존재를 포함하지 않는다"에 의해 신의 본질에는 존재가 포함되지 않게 된다. 그러나 이것은 정리 7 "실체의 본성은 존재하는 것이다"에 의해 부조리하게 된다. 그러므로 신은 존재한다.
> 증명 끝.
>
> 《에티카》 제1부

스피노자는 데카르트 이후에 정신과 신체(물체), 기계론과 자유, 기하학적 정신과 종교적 정신 등 흩어진 것들을 통합하고자 했다. 스피노자는 범신론의 입장을 취했다. 범신론이란 세상의 모든 것이 신이라고 보는 생각법이다. 그러나 그가 말한 신은 우리가 상상하는 하느님 같은 존재가 아니라 에너지에 가까운 존재였다. 그의 주장으로는 신은 곧 자연신즉자연, 神卽自然이다. 사람, 도로, 자동차, 상점 모두 신이다. 당신도 나도 신이다. 세상의 모든 것들이 유일한 존재이고 이는 곧 신이 변형된 모습이다.

데카르트는 정신과 물체의 이원론을 주장했지만, 스피노자는 정신과 물체는 드러난 방식만 다르다고 생각했다. 같은 것이 다르게 표현된 것일 뿐이라는 말이다.

바다라는 하나의 원리가 다양한 파도를 만들어내듯 신과 세계의 관계는 바다와 파도의 관계와 같다. 이는 현대물리학(양자론 등)과도 통하는 면이 있다.

세상일은 모두 결정되어 있다!

또한, 신은 '산출하는 자연'이면서 동시에 '산출된 자연'이다. 이 '자연=신'은 목적이 없다. 기계적, 인과적으로 움직일 뿐이다.

이 생각법에 따르면 모든 것은 필연적이고 우연은 없다. 앞에서 자동차 시동을 거는 예와 마찬가지로 장기판의 말이나 당구대의 공처럼 세상은 'a이면 b'라는 인과관계의 연속으로 돌아간다. 그러므로 세상에서 일어나는 일은 모두 결정되어 있다.

스피노자의 범신론

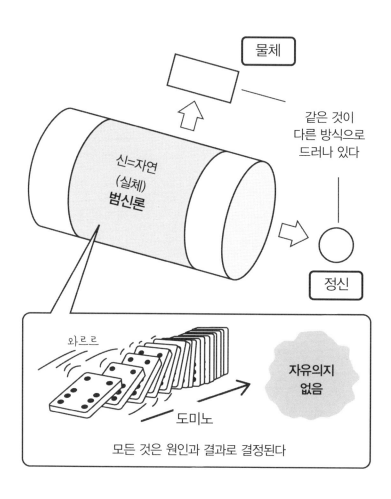

모든 것은 신이라는 생각에서 모든 것은
필연이라는 세계관으로

[정리 33] 사물은 산출된 것과 다른 어떤 방식, 다른 어떤 질서에 의해서는 신으로부터 산출될 수 없다.

《에티카》 제1부

우리는 '만약 그때 그랬더라면……' 하고 자주 후회를 하지만 스피노자의 철학에 따르면 후회는 의미가 없다. 왜냐하면 세계의 움직임은 이미 결정되어 있고 모든 일이 시계 장치가 돌아가듯 정해진 대로 일어나므로 이미 산출된 방식 외에는 존재할 수 없기 때문이다. 이러한 생각법이 결정론이다.

내 의지로 카레를 선택한다는 것

결정론에 따르면 지금 이 순간도 우주가 탄생했을 때 이미 결정되어 있었다. 그러므로 미래도 시나리오대로 흘러간다. 이러한 생각법에서는 인간의 자유의지가 작동할 여지가 전혀 없으므로 이를 받아들이려는 사람은 많지 않다. 그래서 우리는 과거에 무언가를 스스로 결정했기 때문에 지금의 내가 있는 것으로 생각한다. 곧 자유가 있다고 믿는 것이다.

카레든 라면이든 어느 쪽을 골라도 상관없는 상황에서 "나는 꼭 카레를 먹겠다"고 결정한 것은 자유의지가 작용한 결과처럼 보인다. 그러나 스피노자가 말한 바로는 이는 자신이 자유롭다고 착각하는 것에 지나지 않는다. 그는 인간이 자신의 행위를 결정하는 인과관계의 연쇄를 알아차리지 못한 채 무지 또는 착각 속에서 자유의 감정을 느낀다고 생각했다.

카레를 골랐다면 그것을 고르기 전에 신체적인 자극(카레의 매콤한 향 등)이 선행되었을 것이다. 장기판의 말이나 당구대 위에서의 공의 움직임과 다르지 않다.

그래도 범죄에 대한 변명은 용납되지 않는다

이를 윤리적인 문제로 확대해서 생각하면 다소 이상한 일도 벌어진다. 예를 들어 범죄자는 "자신이 범죄를 저지르기로 정해져 있었기 때문에 범죄를 저질렀다"며 책임을 회피할 수도 있다. 그러나 이처럼 지나치게 수동적인 생각은 인정받지 못한다.

외부의 자극에 의한 욕망은 장기판 위의 말처럼 움직이지만(수동적) 내면적인 욕망은 이를 제어할 수 있기 때문이다(능동적). 스피노자는 모든 개체에는 자신을 보존하려는 노력코나투스, conatus이 있고, 그에 따라 수동성을 벗어나 능동성으로 향하려는 경향이 있다고 했다. 배가 고파서 밥을 먹는다는 것은 수동적(신체적인 외부 자극에 의한 것)이지만, 무언가를 인식하고자 하는 정신의 내면에서 생기는 욕망은 능동적이다. 수동적인 욕망은 능동적인 욕망으로 제어할 수 있다는 것이 스피노자의 윤리설이다. 따라서 인생에서 가장 유익한 것은 지성을 높이는 것이고 이것이 인간의 최고 행복^{지복, 至福}이다. 결정론으로 따져봐도 책임을 회피할 수 없는 것은 마찬가지다.

그런데 모든 일이 인과관계에 따라 발생하로 결정되어 있다면(자유의지가 부정된다면), 지성을 높이고 신을 인식한들 자유를 획득할 수 있을까? 이는 철학적으로도 무척 복잡해서 쉽게 알 수 없다. 지성을 높여 신(자연)과의 일체성을 인식하게 된다 한들 뷔페에서도 식욕을 억제할 수 있게 될까? 인과관계와 자유에 관해서는 18세기 독일의 철학자 칸트가 명쾌한 답을 내렸다.

그전에 먼저 다음 장에서는 데카르트, 스피노자의 합리론과 쌍벽을 이루는 영국 경험론 철학의 흐름을 살펴보자(두 줄기의 강물 중 나머지 한 줄기에 해당한다). 영국 경험론 철학을 이끈 홉스와 로크가 주장한 사회계약설은 오늘날의 '정의'와도 연결되어 있다.

Chapter 04

사람은 바뀔 수 있을까?

_ 경험과 관념

사람은 태어날까?
길러질까?
사람은 바뀔 수 있을까?

안다는 것은
어떻게
알 수 있을까?

영화 〈인셉션〉에서 리어나도 디캐프리오가 연기한 주인공은 잠이 든 사람의 잠재의식을 침범해 타인의 아이디어를 훔치는 전문가다. 영화에서는 한번 꿈속에 들어가면 꿈이라는 사실을 알아차리기가 얼마나 어려운지 잘 표현되어 있다.

"내가 나비인지 나비가 나인지"라고 흔히 이야기하는 호접몽胡蝶夢을 보자. 자신이 나비가 되어 날아다니는 꿈을 꿨는데 꿈이 깨고 나서도 그 꿈이 너무 선명해서 내가 나비의 꿈을 꾸었던 것인지, 나비였던 내가 지금 사람이 된 꿈인지 헷갈린다는 이야기다.

꿈을 꾸는 동안에는 그것이 꿈이라는 사실을 알아차리기 어렵다. 꿈에서 깨어나 생생한 현실과 비교하면서 점점 멀어지는 꿈의 기억을 떠올리며 "분명 꿈이었구나."라는 자각이 생긴다.

꿈의 기억은 희미하다. 현실과 달리 생생한 느낌이 없는 꿈의 세계에서 왜 우리는 그것이 꿈이라는 사실을 알아차리기가 어려울까? 아마 현실이라고 생각할 만큼 생생한 감각이 꿈을 꾸는 동안에도 느껴지기 때문이 아닐까? 우리가 사는 세계도 어쩌면 진짜 세계가 아닐지 모른다. 오감이 느끼는 정보만이 진실이고, 눈앞에 펼쳐진 세계는 가상세계는 아닐는지? 생이 끝나고 나서야 "아, 인생은 한 판의 컴퓨터 게임이었구나."라고 깨달을지도 모를 일이다. 그렇다면 무엇이 진짜이고 어디서부터 가짜인가? 데카르트의 이야기부터 들어보자.

모든 것은 경험에서 시작된다

데카르트에서 시작된 대륙합리론은 사람이 태어났을 때부터 머릿속에 "a가 a이면서 동시에 a가 아닌 경우는 있을 수 없다" 같은 공식이 들어 있다는 입장을 취한다. 생각의 안경을 끼고 태어나는 셈이다. 그런데 경험론에서는 그러한 안경은 존재하지 않는다고 본다. 때 묻지 않은 상태로 태어나 차곡차곡 지식이 쌓인다는 것이다.

영국의 경험론자인 존 로크John Locke, 1632~1704는 근대 민주주의의 원리를 설명한 《통치론》과 인간의 인식에 관해 다룬 《인간지성론》을 펴낸 인물이다. 1673년 겨울 로크가 친구들과 함께 방에 모여 "신이란 무엇인가?", "신앙이란 무엇인가?", "모든 사람이 인지하는 도덕이란 존재하는가?" 같은 주제로 복잡한 토론을 벌였다. 이때 로크는 토론자 본인의 문제가 해결되지 않으면 다음 단계로 토론을 진행하지 않았다고 한다.

또 신이든 도덕이든 그것을 말하는 사람의 철학적 깊이에 따라 의미가 달라지기 때문에 말하는 사람의 능력을 알아채는 것이 우선이라는 역발상을 펼쳤다. 자신의 시력이 어느 정도인지 알지 못하면 세상도 모호하게 보인다. 마찬가지로 세계를 어떤 필터를 통해 이해하는가를 앎으로써 다양한 철학적 문제가 해결될 수 있다는 것이다. 이렇게 인간이 세계를 인식하는 방법에 대해 탐구하는 철학 분야를 '인식론'이라고 한다. 로크의 경험론은 인간의 지식은 경험으로 성립한다는 사실을 전제로 한다.

누구나 태어날 때는 백지 상태다

로크는 "철학 연구에 처음으로 재미를 부여해준 것은 데카르트의 책이었다"고 했다. 그러나 철학의 제1원리에서 시작해 차근차근 지식을 쌓아가는 연역적인 논리를 전개한 데카르트와는 다른 접근을 취했다. 지식의 기원을 감각적인 경험에서 구하는 방법을 채택한 것이다.

데카르트의 방법은 아무리 의심해도 의심할 수 없는 제1원리를 밝힌 뒤 그것을 토대로 다양한 학문을 펼쳐나가는 것이었고, 이는 팽이에 비유할 수 있다. 팽이의 축이 '생각하는 나'이고, 구축을 중심으로 다양한 학문이 끊임없이 회전하는 모습이 된다. 반면 경험론의 방법은 밀푀유(맛있는 파이의 켜가 여러 겹을 이루는 페이스트리)같은 모습이다. 다양한 경험론적 사실이 켜켜이 쌓여 전체가 된다.

데카르트가 대표하는 합리론에서는 인간은 태어나면서부터 마음속에 어떤 관념生得관념, 生得觀念이 각인된 채 태어난다고 생각한다. 관념이란 생각의 대상이자 인식의 내용이다. 우리가 선생님에게 수학을 배워 알게 되는 것은 우리에게 이미 그러한 능력이 있기 때문이 아닐까? 합리론에서는 인간이 태어났을 때부터 이미 관념이 있다고 생각한다.

그러나 로크는 이를 철저히 부정했다. 로크에 따르면 우리의 지식은 관념에서 생긴다. 그 관념은 보거나 만지는 경험에서 생겨난다. 개라는 관념, 나무라는 관념, 바다라는 관념 등 그것이 무엇이든 0에서부터 갑자기 생긴 것이 아니다. 모두 경험을 통해 아는 것이다. 로크는 갓 태어난 인간은 아무것도 적혀 있지 않은 백지 상태타뷸라 라사, tabula rasa와 같고 여기에 관념을 부여하는 것은 경험뿐이라고 생각했다(그러므로 감각적인 경험을 할 수 없는 것은 지성으로 인식할 수도 없다).

이러한 논쟁은 어디까지나 철학적인 것일 뿐 일상과는 무관한 느낌이 든다. 우리가 관념을 갖고 태어나는지 아닌지는 알 수 없다. 태어난 순간에 이미 '선'이라는 관념이 있어서 자라는 동안 선을 이해하게 된 것일까? 아니면 새하얀 백지 상태에서 태어니 자라면서 선을 알게 되는 것일까? 선은 태어날 때부터 아는 것인가, 자라면서 배우는 것인가?

로크는 도덕의 원리도 생득적이지 않다고 했다. 정의나 도덕도 시대나 사회에 따라 다르고, 언제 어디서나 보편적으로 통용되는 정의는 존재하지 않는다고 보았다. 그러나 그가 신이나 도덕을 부정한 것은 아니다. 오히려 신과 도덕의 존재를 확신한 편에 가까웠다.

물체에 대한 다양한 관념

우리는 물체에 대한 다양한 관념을 가지고 있다. 동그랗고 네모나다는 형태, 딱딱한지 흐물흐물한지 아는 고체성, 크고 작음과 같은 넓이, 운동과 정지 등은 모두 관념이다. 이는 물체가 어떤 상태에 있든 그 물체와 뗄 수 없는 고유한 성질이다. 모양이나 넓이, 운동, 정지 관념이 사라진 축구공을 상상하기는 불가능하다.

우리는 모든 사물에 대해 관념을 가지고 있고, 그것을 사용해 생각한다는 사실도 알고 있다. 이러한 관념은 경험에 의한 것이다. 로크는 이렇게 물체의 본질을 그대로 드러내는 관념을 '제1성질'이라고 불렀다. 그런데 관념에는 색, 소리, 향, 차가움과 따뜻함, 부드러움과 딱딱함 등 여러 종류가 있다. 먼저 색을 생각해보자. 햇빛 아래에서 관찰한 색과 형광등 불빛 아래에서 관찰한 색은 다르다. 이는 공의 둥근 정도처럼 변치 않는 사실이 아니다. 그러므로 색이나 향처럼 인간이 주관적으로 느끼는 관념은 다소 혼란스럽다. 로크는 색이나 향 같은 관념은 인간이 느끼는 감각 상태이지 물체의 본성을 있는 그대로 드러내는 것은 아니라고 생각했다. 이를 '제2성질'이라고 부른다.

제1성질은 실제로 물체 안에 존재하지만 제2성질은 인간이 느끼는 것이다. 주관적이고 마음 안에 존재하는 관념이다.

청국장의 알갱이들은 공간을 차지하고 고체성을 지니며 젓가락으로 섞으면 이리저리 움직이다가 밥 위에 올리면 정지한다. 이는 청국장이라는 물질 자체가 가진 성질(제1성질)이다. 그런가 하면 청국장의 향은 인간이 느끼는 것이므로 마음 안에 있는 제2성질이 된다. 로크는 불에 대해 다음과 같이 말했다.

"어느 정도 거리를 두었을 때는 따뜻한 감각을 만들어내지만 조금 다가가면 아까와는 전혀 다른 고통의 관념이 생긴다."

불은 변하지 않은 채 그대로 존재하지만 인간의 감각이 변화하면 불의 성질도 변화하는 것처럼 느껴진다.

자유로운 것과 제멋대로 행동하는 것은 다르다

인간은 동물과는 달리 자신의 마음을 반성하고 이에 따라 욕망을 억제하는 의지를 지닌다. 로크는 인간의 자발성을 중시했다. 자발성을 발휘해 자신을 억제할 수 있을 때 자유의 관념이 생긴다고 보았다. 던지면 날아갈 뿐인 물체에 자유는 없다. 그러나 인간은 적극적으로 행동을 선택할 뿐 아니라 의지에 따라 행동을 추진하기도 하고 통제하기도 한다. 이것이 우리가 알고 있는 자유의 관념이다.

이렇게 로크의 경험론은 자유라는 도덕사상으로 발전하고 이는 자유주의사상(개인의 가치나 인격의 존엄성을 중시하고 인간의 자유로운 사상, 활동을 되도록 보장하려는 입장)으로 연결된다. 로크에 따르면 인간의 본성

로크의 경험론

마음의 관념은 경험을 통해 생긴다

은 이성으로 감각을 다스리는 것이다. 그러므로 자연 상태(국가가 출현하기 전의 상태)라고 해서 홉스(134쪽 참고)가 말한 대로 '만인의 만인에 대한 투쟁'이 만연한 무정부 상태가 되지는 않는다.

자연 상태의 인간은 타인의 인격을 인정하며 이성적이고 사회적인 상태를 이룬다. 독립적이고 자유로운 개인은 타인의 인격과 권리를 인정하고, 타인의 생활 수단(노동)을 빼앗지 않으면서 자신의 생활을 안정적으로 유지할 수 있다. 나의 노동이 타인의 권리를 침범하지 않으면 되므로, 노동의 결과로 땅을 점유한다 해도 타인과의 공유재산이 줄어드는 것이 아니라 오히려 늘어난다.

특히 로크는 노동으로 자기소유권이 발생한다고 생각했다. 소유자가 없는 토지를 경작하면 경작이라는 노동이 섞임으로써 소유권이 생겨난다. 노동의 성과는 노동을 한 사람에게 귀속된다는 생각법이 점점 힘을 발휘하자 자유지상주의libertarianism(204쪽 참고)로까지 연결되었다. 이는 내가 번 돈은 내 것이므로 어떻게 사용하든 자유다, 또는 내 몸은 내 것이므로 장기매매는 올바르다 등 도덕적으로 문제가 있는 생각으로 이어질 가능성도 있다. 우리는 자유롭고 평등하지만 자유란 멋대로 행동하는 것과는 다르다. 자유를 누리는 데에는 제약이 따르는 법이다.

경험론이 만든 말도 안 되는 세계
여기서 잠시 이상한 경험론을 소개할까 한다.

"색이나 향은 인간의 마음 안에 있다"고 쉽게 인정해버리면 말도 안 되는 결론에 다다르게 된다. 앞에서 이야기한 영화 〈인셉션〉이나 '호접몽'의 이야기에서 보다시피, 꿈의 세계에서 우리는 그것이 꿈이라는 사실을 알아차리기가 어렵다. 꿈을 꾸는 동안에는 그것이 현실처럼 생생하게 느껴지기 때문이다.

이렇게 생각하면 지금 이 순간도 어쩌면 꿈일지 모른다. 아무리 눈앞에 뚜렷한 물체가 존재한다 해도 꿈이 아니라고 단정할 수 없다. 또 우리가 사는 세계 자체가 가상세계인지도 모른다. 영화 〈매트릭스〉에서는 가상현실 세계가 잘 묘사된다. 매트릭스는 지각을 통해서만 존재하는 세계이지만 매트릭스에 사는 인간은 이 사실을 알아차리지 못한다.

지금 이 순간이 아무리 생생해도 진짜가 아닐지도 모른다는 의심은 누구나 가져볼 수 있다. 실제로 이러한 세계관을 진지하게 고민한 철학자가 있었다. 조지 버클리George Berkeley, 1685~1753년다. 아일랜드에서 태어난 버클리는 로크, 뉴턴, 데카르트의 철학을 공부했다. 그는 자신의 저서 《인간 지식의 원리론》에서 외부세계가 있는 그대로 존재한다는 보장이 없다고 주장했다.

물질은 존재하지 않는다, 또는 관념뿐이다!?

로크의 제1성질(개체성, 형태 등)은 물체의 외부에 존재하는 성질이다. 컵이라면 공간을 차지하거나 형태를 지닌다. 이는 물체 자체에 내재한 성질이다. 제2성질은 색, 소리, 향 등 인간만이 느낄 수 있는 성질이다.

그러나 버클리는 이렇게 생각했다. 물질의 형태도 모양도 냄새도 결국 인간의 마음 안에서 생기는 것이라면 제1성질과 제2성질을 구별할 필요는 없다고 말이다. 색이 없다면 모양을 알 수 없고, 딱딱하거나 부드러운 촉감이 없다면 물체가 공간을 차지하고 있다는 사실도 알 수 없기 때문이다.

이 이야기를 발전시키면 물체는 마음을 떠나서는 존재할 수 없는 것이 된다. 예를 들어 사과가 실제 세계에 존재한다는 것을 증명하는 것은 불가능하고, 단순히 마음 안에 사과라는 관념이 있다는 것을 아는 것에 지나지 않는다. 빨간색이나 둥근 모양, 새콤달콤한 맛이나 향, 둥글둥글한 감촉, 두드리면 콩콩하는 소리가 나는 것 등은 모두 감각이다. 즉, 사과라는 물체가 실제 세계에 존재하지 않는다 해도 우리에게 감각이 있는 한 사과는 존재하는 것이 된다. 그래서 버클리는 어떠한 사물이든 감각을 통해 지각하지 않은 것은 실제 세계에도 존재하지 않는다는 엄청난 결론에 도달했다.

> "나는 글을 쓰는 책상이 존재한다고 말하지만 그것은 내가 그 책상을 보고 그것을 만진다는 의미다. 또 나는, 내가 서재를 나가도 책

버클리의 관념론(유심론)

모든 사물은 마음 속에만 존재한다

상은 여전히 존재한다고 말할 것이다. 그 의미는 내가 서재에 있을 때 나는 책상을 지각했을 거라는 이야기고, 바꿔 말하면 나의 정신이 현실적으로 책상을 지각한다는 의미다. 냄새가 있다는 것은 그것이 후각으로 느껴졌다는 뜻이고, 소리가 났다는 것은 그것이 들렸다는 것이다."

《인간 지식의 원리론》

그래서 버클리는 어떤 물건도 지각을 떠나서는 존재할 수 없다고 말하며 이를 토대로 "존재한다는 것은 지각된다는 것이다"라는 공식을 만들었다. 즉 물질은 존재하지 않고 그저 관념만 있을 뿐이라는 의미다.

"우리는 관념을 먹고 관념을 마시고 관념을 입는다."

《인간 지식의 원리론》

이쯤 되면 마치 SF영화 속 세계 같다. 버클리는 사람들의 비웃음에도 아랑곳하지 않고 진지하게 주장했다고 하는데, 어쩌면 우리가 사는 세계는 정말로 가상공간일지 모른다. 이러한 주장은 철학계에서도 독특한 생각법의 하나로 여겨져 왔다. 그리고 이를 더욱 갈고 닦은 인물이 영국의 경험론자인 데이비드 흄David Hume, 1711~1776년이다.

문을 열면 우주공간이다!?

인간의 지각이나 관념에 대해 탐구하는 한편 외부세계에 물체가 존재한다는 사실을 의심한 것이 경험론이라면, 흄은 인간의 마음에 나타난 모든 지각이 인상impression과 관념idea으로 나뉜다고 말했다.

인상과 관념의 차이는 무엇일까? 쉽게 말해 생생하게 살아 있는가 아닌가의 차이다. 인상은 생생하지만, 관념은 희미하다. 귤을 먹을 때의 탱글탱글한 느낌, 상큼한 냄새, 달고 신 맛의 생생한 감각이 인상이라면, 귤을 먹은 뒤에 남는 느낌이 관념이다. 인상은 기억과 상상으로 관념이 된다.

그런데 흄은 인과율因果律, 인과법칙의 존재를 부정했다. 인과율이란 'a이면 b'라는 법칙이다. "돌을 던지면 날아간다"처럼 설명이 필요 없을 만큼 당연한 법칙이다. 이 인과율이 잘못되면 정상적인 생활을 할 수 없게 된다. 문을 열었을 때 도로가 나오면 다행이지만 문을 열었더니 대뜸 우주공간이 펼쳐진다면 출근도 할 수 없다.

흄은 이러한 인과율을 의심했다. 그는 인간이 원인과 결과라는 관념을 어떻게 알게 되었는지를 밝히고자 노력한 끝에 경험에서 해답을 찾았다. 예를 들어 던진 돌이 날아가는 이유는 뉴턴의 역학 법칙이 작용하기 때문이다. 물론 인과율도 그 안에 포함되어 있다. 여기에서 인과율은 과학적 결과이자 우주의 법칙으로서 독립적으로 존재한다.

그런데 흄에 의하면 우리는 어릴 때부터 돌을 던지면 날아간다는 경험을 여러 차례 거치며 돌과 날아간다는 관념을 인지하게 되었다. 이렇게 경험과 관념이 결합해 "돌을 던지면 날아간다"는 인과율을 이해하게 됐다. 불을 만지면 뜨겁다는 경험이 여러 차례 반복되면 "불에 닿으면 뜨겁다"는 인과율이 완성된다. 들고 있던 사과에서 손을 떼면 아래로 떨어진다는 물리현상도 그것을 여러 차례 경험한 뒤 인과율로서 이해되는 것뿐이다. 모든 인과율은 그저 인간이 믿고 있는 것일 뿐 객관적으로 존재한다는 증명은 없다. 인과율이 단순한 신념이라면 뉴턴의 역학마저 의심스러워진다.

더욱이 흄은 물질이 지각되지 않는 동안에는 그것이 계속 존재한다는 보장이 없다고 생각했다. 지금 나는 집 안에 있고 우리 집 근처에 편의점이 있다고 해보자. 실시간으로 확인하지 않고서야 편의점이 집 근처에 계속 존재한다는 사실을 어떻게 확신할 수 있는가? 물건을 사러 갔더니 이미 없어졌을지도 모른다. 즉 지각되지 않는 한 집 근처 편의점이 계속 존재한다는 것은 상상이고 신념이다. 그리고 당연히 마음도 존재하지 않는다. 마음이라는 실체는 존재하지 않고 다만 지각이 있을 뿐이기 때문이다. 자, 마음이라 불리는 것은 눈에 보이지 않을 만큼 빠른 속도로 변화하고 움직이는 다양한 '지각의 다발 또는 집합'에 불과하다.

정의는 인간의 규칙이 만들어낸 것

흄은 인간의 이기심을 생각하며 정의가 본질적으로 갖추어져 있는 것은 아니라고 했다. 경험론에서 생각하면 무엇이든 처음부터 갖추어져 있는 것은 없다. 흄에 따르면 인간이 소유할 수 있는 재물에는 세 종류

흄의 회의론

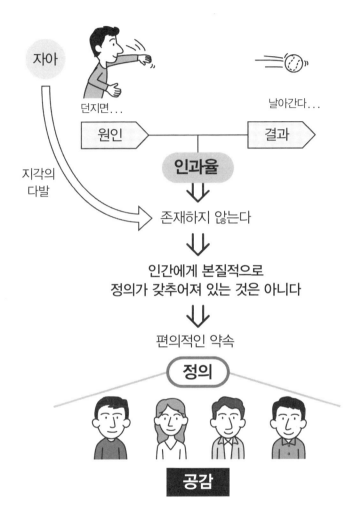

자아

던지면...

날아간다...

원인 | 결과

인과율

↓

존재하지 않는다

⇓

인간에게 본질적으로
정의가 갖추어져 있는 것은 아니다

⇓

편의적인 약속

정의

지각의
다발

공감

정의는 다 같이 정한 것

흄은 인과법칙, 외부세계, 마음(자아)=실체를 모두 지워 없앴다
그리고 경험을 따르지 않는 대륙합리론을 부정했다

가 있다. 마음의 내적 만족, 신체의 외적 우위, 근면에 따라 얻어지는 물질적 재산이다. 특히 근면에 따라 얻어지는 재산은 타인에게 강탈당할 위험이 있다. 컴퓨터도 자동차도 도둑맞을 수 있으니 말이다. 또 재산은 모든 사람이 공평하게 나눠 가질 만큼 풍부하지 않고 이러한 성질 때문에 사회의 결합을 방해한다고 여겨진다.

오래전부터 철학에서는 기독교적인 사랑으로 물건을 나눈다거나 인간의 자연법에 따라 불평등이 해결된다는 이야기를 해왔다. 그러나 흄은 사회적인 불합리를 없애기 위한 방책을 인간의 본성에서 발견하려 하면 안된다고 생각했다. 그렇다면 어떻게 해야 안정된 사회를 만들 수 있을까?

흄은 사회의 불합리를 해결하기 위해서는 인간의 판단과 지성에 따라 사회를 형성해야 한다고 보았다. 그리고 인간의 이기심을 억제하기 위해 사회 구성원끼리 '편의적 약속'을 해야 한다고 생각했다. 먼저 타인이 소유한 재산에 손을 대지 않겠다는 편의적 약속이 맺어졌다. 그럼으로써 모든 개인은 자신이 소유하고 있는 재산을 안전하게 지킬 수 있게 되었다. 여기서 정의와 불의, 소유와 권리, 책임과 의무 등의 관념이 생겼고 이를 통해 사회는 안정을 얻었다. 그전까지 정의란 인간 세계를 떠난 다른 어딘가에 (이데아적으로) 존재하는 것으로 여겨졌으나 경험론자였던 흄은 정의가 다른 세계에 미리 존재한다는 생각을 인정하지 않았다. 정의는 인간이 정한 규칙에 따라 생겨난 것이라 믿었다. 사람은 이기심만 가지고 살아가면 사회를 유지할 수 없으므로 자신을 다양한 규칙 안에 가두어 타인과의 교제를 더 안전하고 편리하게 만든다.

인간은 공감하도록 만들어졌다

흄은 인간이 정의를 지키고자 마음먹게 되는 동기는 이해타산이라고 생각했다. 그의 말대로라면 인간은 본성이 악하고 눈앞의 이익만을 추구하므로 정의롭지 못한 사람이 많아도 이상할 것이 없다. 그러나 흄에 따르면 불의는 유해할 뿐 아니라 불의를 행하는 사람과 함께 있으면 누구나 불쾌함을 느끼기 때문에 모든 사람이 불의하게 행동하지는 않는다. 두 개의 거울이 서로 비추고 두 개의 현이 공명하듯 사람은 공감하며 함께 살아간다. 흄에 따르면 정의와 불의 사이에 놓인 도덕적 선악을 판단하게 해주는 것은 다름 아닌 공감이다.

또 한 명의 경험론자인 홉스는 이기적인 인간들이 무정부 상태에서 '만인의 만인에 대한 투쟁'을 극복하기 위해 서로 사회계약을 맺었고 그 결과 국가가 성립되었다고 주장했다(135쪽 참고). 그러나 흄은 홉스의 사회계약설을 부정했다. 인류 역사상 사회계약설이 실제로 행해진 적이 없기 때문이다. 그렇다면 국가는 왜 존재할까? 흄에 따르면 인간의 본성이 이기적이기는 하지만 그렇다고 혼자서는 살 수 없도록 만들어졌기 때문이다. 즉 정부가 인간에게 이익이 되기 때문에 존재한다는 설명이다. 이렇게 경험론은 대상이 무엇이든 미리 존재한다는 원리는 인정하지 않고, 관념의 기원을 경험에서 찾는다. 이 지점에서 데카르트의 대륙합리론과 흄의 경험론이 갈라진다. 그런가 하면 독일의 칸트는 경험론과 합리론을 통합하여 새로운 도덕철학을 세웠다.

Chapter 05

아는 것과 모르는 것을
구분할 수 있을까?

_ 모순과 대립

거짓말을 절대 하면 안 될까?
선한 거짓말은 괜찮을까?
그 기준은 어디에 있을까?

거짓말은
절대
하면 안 된다?

시험 중에 친구가 커닝했다고 하자. 마음속에서 '부정을 못 본 척하면 안 되지!' 하는 도덕적인 목소리가 들려온다. 그렇다고 곧바로 손을 들어 "선생님, 얘가 커닝했어요!"라고 말할 수 있을까? '절대로 거짓말은 하면 안 돼'라는 목소리가 마음속에서 울릴 때마다 "이 밥은 맛이 없어", "이 신발은 색이 변했군", "네 이야기는 지루해" 등 정직한 말을 내뱉는다면 어떻게 될까?

이렇듯 일상에서는 도덕법칙에 따라 생각할 꺼리들이 무수히 존재한다. 물론 엄정한 도덕법칙으로 생각하면 고개를 갸우뚱하게 되는 경우가 많기는 하지만 말이다. 만약 살인자가 친구가 있는 곳을 물었다. 이때는 거짓말을 해야 할까? 당연히 거짓을 말해야 할 텐데 애써 고민해야 할까? 왜 이런 질문을 하는 것일까?

다른 차원의 질문도 있다. 신은 존재할까? 유령은 정말 있을까? 우주에도 끝이 있을까? 이런 질문들에 우리가 하는 대답은 거짓말이 될까 진실이 될까? 쉽게 답을 얻을 수 없는 질문은 늘 있다. 이러한 주제들을 정리해 논리적으로 밝혀내고자 하는 학문이 철학이다.

아는 것과 모르는 것을 구분하다

칸트는 이러한 질문에 어떻게 답을 했을까? 한 마디로 표현하면 "인간은 그러한 문제에 답할 수 없다"고 했다. 다른 말로 '이성의 한계'라고 한다. 아무리 생각해도 답을 알 수 없는 문제는 고민해봤자 같은 자리를 맴돌 뿐이다. 칸트는 인식론을 통해 이러한 구조를 명확하게 밝히고자 했다. 이마누엘 칸트^{Immanuel Kant, 1724~1804년}는 대립하고 있던 경험론과 합리론을 통합한 독일의 철학자다.

그는 인간의 이성(추리하는 힘)이 세계를 인식하는 원리를 밝혀 인간의 추리가 어디까지 미치고 어디에서 멈추는가를 분명히 하고자 했다. 이성으로 알 수 있는 것과 알 수 없는 것을 분명히 구분한 것이다. 합리론에서는 이성이 올바르다고 판단한 것은 반드시 옳다고 생각해 신의 존재나 유령, 우주의 끝에 대해 장대한 추리를 펼쳤다. 이 때문에 합리론이 단순한 의견이나 독단으로 치부되기도 했다.

그러나 인식은 지각에서 비롯된다고 주장한 경험론은 이성을 의심한다. 경험론자들의 의심은 뉴턴의 역학도 비껴가지 못했고 우리가 사는 세계마저 가상세계는 아니겠느냐는 거대한 의심을 낳았다. 칸트는 이렇게 대립을 계속하던 철학에 옐로카드를 던졌다. 그는 경험과 이성을 통합해 새로운 인식론을 확립했다.

세계를 바꾼 코페르니쿠스적 혁명!

인간은 합리론자들의 주장처럼 신의 세계까지 추리할 수도 없고, 그렇다고 경험론자들의 말처럼 완전한 백지 상태로 태어나는 것도 아니다. 외부에서 경험적인 정보가 들어오면 내면에 갖고 있던 이성으로 그것을 정리한다. 다시 말해 인간은 세계를 어느 정도 자신의 인식을 통해 구축하는 것이다.

영화 제작을 예로 들어보자. 카메라가 막연하게 돌아가기만 해서는 영화가 완성되지 않는다. 감독이 카메라가 찍은 영상을 영화로 구성해야 한다. 칸트에 따르면 우리의 인식도 이와 같다. 영상(영화)은 주관적인 움직임(감독)에 의해 구성된다. 바꿔 말하면 시간과 공간이라는 필터를 통한 감성형식과 이해의 틀이라는 오성형식의 선험적인 시스템을 통해 인식이 생겨난다. 그러므로 이러한 시스템을 통과하지 않은 대상은 인식되지 않고 따라서 신이나 우주의 끝은 알 수 없다. 이렇게 인간의 머리로는 인식할 수 없는 존재를 '물자체物自體, Ding an Sich'라고 한다. 머리라는 카메라를 통과하기 전의 존재다. 이렇게 칸트는 이성으로 인식할 수 있는 현상과 이성으로 인식할 수 없는 물자체를 구분했다.

세상은 우리와 동떨어져 존재하지 않는다. 우리가 세계를 인식할 수 있는 것은 오성(이해할 수 있는 능력)과 이성이 능동적으로 작동한 결과다. "인식이 대상을 따르는 것이 아니라 대상이 인식을 따른다"는 칸트의 철학은 우리의 상식을 완전히 뒤집었다.

칸트는 이를 지동설이 천동설을 뒤집은 사건에 비교하며 코페르니쿠스적 혁명이라 불렀다. 사람은 누구나 같은 인식 장치를 지니고 있으므로 모두 같은 세계를 인식할 수 있다고 본 것이다. 이는 게임기를 가진 사람들이 같은 소프트웨어를 공유하고 같은 게임으로 온라인 대전을 즐기는 것과 같다. 칸트의 설명을 따라가다 보면 무수히 많은 인간이 모두 같은 사실을 인식하는 이유가 무척 잘 이해된다.

먹고 싶어도 참는 것이 진짜 자유

칸트 철학의 궁극적인 목적은 행복 추구가 아니다. 행복하고 싶은 것이 인간의 자연스러운 욕구이지만, 그것을 도덕의 기준으로 삼으면 감정에 좌우되어 무엇이 올바른지 알 수 없게 되기 때문이다. 그래서 칸트는 뉴턴의 만유인력의 법칙과 같이 도덕에도 법칙이 있다고 생각했다. 이것을 도덕법칙이라고 한다. 그렇다면 칸트는 자유를 어떻게 설명했을까?

인간은 자신을 통제할 자유를 갖고 있다. 스피노자는 결정론(76쪽 참

칸트의 인식론

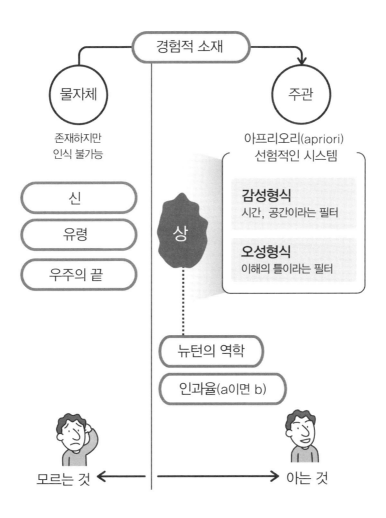

경험과 이성을 통합한 새로운 인식론

고)을 주장하며 이 세상의 온갖 사물과 현상은 이미 결정되어 있으므로 인간의 자유의지는 존재하지 않는다고 했다. "그렇지 않다. 나는 내 의지로 카레를 선택했다"고 말하는 사람도 있겠지만 그조차 카레에 대한 지식을 이미 알고 있었거나 카레 집 앞에서 냄새를 맡았을 수도 있고, 또는 광고에 이끌려 카레를 먹겠다고 결심했을 수도 있다. 결정에 선행한 원인이 있는 셈이다. 이러한 원인에 따라 카레를 먹기로 선택했다면 그것은 자유의지로 결정한 것이 아니다. 다른 어떤 원인에 의해 기계적으로 결정한 것이라 봐야 옳다. 세계가 이토록 밀접하게 원인과 결과로 연결되어 있다면 자유의지가 개입할 틈은 없다. 이렇게 생각하면 인간의 자유의지는 없는 것 같지만, 칸트가 말한 바로는 자유의지는 이성의 힘으로 자신의 욕망을 억제하는 순간 발휘된다.

칸트가 매일 정확한 시간에 산책했다는 일화는 유명하다. 매일 놀라울 만큼 정확한 시간에 산책해 마을 사람들은 창문 너머로 그의 모습을 보며 시계를 맞췄다고 한다. 이러한 칸트가 유일하게 산책을 멈췄던 때가 있다. 인간의 자율적인 정신에 관한 루소의 책 《에밀》을 읽고 깊이 감동했을 때다. 자율적인 정신이란 스스로 자신을 통제하는 정신이다.

흔히 자유라고 하면 무엇에도 구애받지 않고 원하는 대로 사고 먹고 마시고 입는 것으로 생각하기 쉽다. 그러나 칸트가 말한 자유는 이와 전혀 다르다. 인과율에 속박되지 않고 자신의 욕구를 통제할 수 있는 능력, 스스로 결정할 수 있는 능력을 자유라 불렀다. 먹고 싶어도 참는다든지 공부하는 시간을 더 늘리는 등 스스로 자신을 다스리는 힘을 자유라고 봤다. 이러한 힘을 지닌 인간은 자유로운 인간이다.

"신뢰받고 싶다면 거짓말을 하지 말라"는 말은 도덕에 어긋난다

칸트는 "만약 a이면 b하라"는 명령을 가언명령假言命令이라고 했다. "칭찬을 받았다면 다른 사람을 도와주어라"는 가언명령이다. 여기에는 조건이 붙어 있으므로 도덕적이라고 할 수 없다는 것이 칸트의 생각이었다. 그러나 대부분 사람이 "만약 a이면 b하라"라는 틀에 따라 행동한다. 머릿속에 인과율의 공식이 들어 있어서 금세 "만약 a이면……"라는 조건을 떠올리게 된다. '만약 이 돌이 손에서 벗어나면 돌은 떨어진다', '만약 이 지하철에 타면 ○○역에 도착한다'처럼 자신도 모르는 사이에 조건과 결과를 생각하게 된다.

그러나 인간의 내면에는 "만약 이런 일이 생기면……"이라는 조건에 속박되지 않으려는 마음도 있다. "만약 a이면 b하라"가 아니라 "무조건 b하라"이다. "칭찬받지 않아도 좋으니 무조건 사람을 구하라", "돈을 벌지 못해도 좋으니 무조건 일해라", "경찰이 보지 않더라도 무조건 안전운전해라." 등이다. 이는 "만약 a이면"이라는 조건 부분이 사라졌으므로 가언명령이 아니다. "무조건 b하라"라는 명령을 칸트는 정언명령定言命令이라 불렀다. 이는 조건이 없는 매우 도덕적인 명령이다.

칸트는 결과보다는 도덕적 의무와 동기를 중요하게 여겼다. "만약 돈을 벌 수 있다면 열심히 일하라"는 가언명령은 결과의 효용을 중시하는 형식(결과가 좋으므로 하라는 형식)이므로 도덕적이라 할 수 없다. 그러나 "무조건 사람을 구하라"는 정언명령은 결과가 아닌 의무에 따르는 형식 (구해야 하므로 구한다는 형식)이므로 도덕적이다. 그리고 이 조건 없는 명령(정언명령)은 원인과 결과에 지배당하지 않고 자유롭다.

차례차례 쓰러지는 도미노의 움직임은 기계적이므로 여기에 자유는 없다. 배가 고파 밥을 먹는 것도 자유가 아니다. 그러나 "과식하지 마라!"라는 정언명령에 따를 때에는 자유가 따른다. 칸트에 의하면 "만약 신뢰받고 싶다면 거짓말을 하지 말라"(가언명령)가 아니라 "어떤 상황에서든 결코 거짓말을 하지 말라"(정언명령)는 명령에 따를 때야말로 자신을 통제(자율)하는 것이고 자유를 손에 넣은 것이 된다. 결국 뷔페에서 실컷 먹는 것이 자유가 아니라 알아서 다이어트를 하는 것이 자유다.

담배꽁초를 버리면 왜 안 될까?

이렇게 "무조건 ○○ 해라"라는 말은 마치 신의 명령처럼 들리기도 한다. 그렇다면 자신의 행동이 옳은지를 어떻게 확인할 수 있을까? 칸트의 도덕법칙에는 공식이 있다. 그 공식에 자신의 행동을 대입해보면 옳은지 아닌지 알 수 있다. "네 의지의 격률이 보편적인 입법의 원리로서 늘 타당하도록 행동하라"(실천이성비판)는 것이다.

격률이란 스스로 정한 규칙을 말한다. 하루도 빠짐없이 산책한다, 매일 조깅을 한다, 술을 끊는다 등 무엇이든 괜찮다. 스스로 정한 규칙이

칸트의 도덕철학

정언명령에 따를 때 사람은 자유롭다

므로 사람마다 내용이 다르다. 이 격률이 옳은지 아닌지는 보편화해보면 알 수 있다.

예를 들어 어떤 이가 정한 규칙이 담배꽁초를 버리는 것이라고 하자. 이를 보편화해 모든 사람이 담배꽁초를 버린다고 해보자. 그러면 지하철 플랫폼은 담배꽁초로 가득해져 큰 혼란이 올 것이고, 결국 자신도 더는 담배를 피우지 못할 상황이 될 것이다. 도덕법칙을 거스르는 행동에는 그 안에 모순이 포함되어 있다. 그러므로 꽁초를 버리면 안 된다.

지하철에서 노약자에게 좌석을 양보하는 격률은 어떠한가? 지하철 안에서 노약자가 타자 모두 자리를 양보하려 한다. 딱히 문제 될 일은 없다. 그러므로 이는 도덕법칙에 비추어 봤을 때 올바른 행동이 된다. 도덕적 자유(자율)란 다른 어떠한 권위에도 속박되지 않고 자신의 생활을 몸소 규제하는 것이다. 그리고 칸트는 도덕적 자율이 곧 인간의 존엄이라고 생각했다.

모든 사람이 "어떤 상황에서도 거짓말을 하면 안 된다"는 정언명령을 실행하면 멋진 세계가 될지도 모른다. 모든 사람이 신뢰받는 꿈같은 사회가 실현될 것이다.

친구가 있는 곳을 살인자가 묻는다면?

칸트의 정언명령에 따른 생각법을 일상 차원에서 적용해보자. 앞에서 예를 든 것처럼 시험 중에 친구가 커닝을 했다면 곧바로 손을 들어 "선생님, ○○군이 컨닝했어요!"라고 외치는 것이다. 아침밥을 차려주는 엄마 앞에서 "이 밥은 맛이 없어!" 하고 큰소리로 외치거나, 자신의 고민을 한참 이야기하는 친구에게 "네 이야기는 지루해", 자신을 훈계하는 선생님에게 "너나 잘하세요" 같은 정직한 말을 내뱉는다고 생각해보자. 속은 시원할지 모르겠지만 '절대로 거짓말은 하면 안 돼'라는 목소리가 마음속에서 울릴 때마다 큰일이 벌어지거나, 사람들과 점점 멀어지게 될지도 모른다.

〈마이클 샌델의 하버드 특강-정의〉라는 프로그램에서도 나왔던 문제를 예로 들어보자. 만약 친구가 살인자에게 쫓기다 우리 집에 도움을 청하러 왔다. 친구를 2층 방에 숨긴 찰나 살인자가 다가와 친구가 여기에 숨어 있느냐고 묻는다. 자, 어떻게 하면 좋을까?

칸트의 정언명령에 따르면 어떤 상황에서도 절대 거짓말을 하면 안되므로 솔직하게 "제 친구는 2층에 숨어 있습니다."라고 말해야 한다. 고개를 갸우뚱하게 되지만 칸트의 정언명령은 이토록 엄격하다. 상식적으로 생각하면 친구를 숨기기 위해 "제 친구는 여기에 없어요."라고 거짓말을 해야 맞다. 그러나 칸트는 예외를 만들다 보면 도덕법칙이 붕괴할 것이므로 어떤 상황에서도 절대 거짓말을 하면 안 된다고 생각했다.

샌델 교수는 다른 사례로 친구에게 선물 받은 넥타이를 들었다. 친구에게 넥타이를 선물 받았는데 무늬가 도무지 마음에 들지 않을 때 뭐라고 대답을 하면 좋을까? 칸트의 정언명령에 따르면 "취향 참 촌스럽네."라고 반응해야 옳다. "고마워. 멋진 넥타이구나"라는 대답은 거짓말이다. 이 경우 샌델 교수는 다음과 같은 방법으로 정언명령을 지킬 수 있다고 말한다.

"와! 이런 넥타이는 처음 봐."

"선물까지 준비하지 않아도 괜찮은데……."

이런 대답에도 찬반양론이 있을 수 있지만 분명 거짓말은 아니므로 정언명령에서 벗어나지 않고, 상대방도 '내 선물이 마음에 드는구나'라고 생각해 상처받지 않는다. '오히려 더 부도덕한 대답이 아닌가?'라는 생각이 들 수도 있지만 적어도 거짓말을 하지 말라는 도덕법칙을 지키고 싶다면 차라리 상대가 착각하게 하는 편이 낫다. 그러나 이를 올바른 판단이라고 할 수 있을지는 여전히 논쟁의 여지가 남는다. 그만큼 정의의 기준을 정하기는 어렵다.

대립은 옳은 것을 향해가는 통과점

칸트는 도덕철학에서 큰 공적을 세웠다. 그러나 앞서 살인자의 예나 넥타이 에피소드에서도 알 수 있듯 칸트의 정언명령을 현실에 그대로 적용하기에는 다소 무리가 따른다.

남에게 상처를 주지 않기 위해 하는 선의의 거짓말도 허용되지 않는다니 지나치지 않은가? 이미 많은 철학자가 칸트의 정언명령에 대해 의문을 제기했는데, 헤겔Hegel, Georg Wilhelm Friedrich, 1770~1831년은 칸트의 도덕철학에 특히 비판적이었다. 칸트의 도덕철학은 사람이 혼자 산다면 지킬 수 있지만 사회적인 관계를 유지하며 지키기는 어렵다는 것이 헤겔의 생각이었다. 칸트의 정언명령이 진정한 도덕이라고 믿은 사람이라면 금세 허무해졌을지도 모르겠다. 역시 끊임없이 변화하는 세계에서 변하지 않는 가치관을 찾기란 쉬운 일이 아니다.

건강하다가 갑자기 감기에 걸리기도 하고, 내가 응원하는 축구팀이 지기도 한다. 연인에게 뜻밖에 차일 수도 있다. 그러나 이러한 상황들을 거꾸로 생각해보면 감기는 나으면 되고, 축구팀은 지는 날이 있으면 이기는 날도 있으며, 언젠가 다시 새로운 연인이 생길 수 있다.

이렇게 사건은 정반대의 것들과 짝이 되어 일어나고 현재 상황은 영원하지 않다. 문제는 다음에 생길 더 좋은 일의 징조이기도 하다. 무언가를 부정함으로써 새로운 측면을 발견할 수 있기 때문이다. 대립이 있기에 변화가 있다. 모순이 있기에 앞으로 나아갈 수 있다. 이렇게 변화하는 세계에서 일어나는 일들을 인식하고 설명하려는 방법과 법칙을 변증법이라고 한다.

변증법은 어려운 수학 문제를 풀 때를 생각하면 쉽다. 우리는 문제를 보자마자 곧바로 답을 아는 것이 아니라 일단 끙끙대며 문제를 풀기 위해 노력한다. 이때부터 이미 변증법이 작용하기 시작한다. 나와 문제 사이에 대립이 발생했기 때문이다. 그 대립을 뛰어넘음으로써 문제의 해법을 알 수 있다. 그러므로 대립은 발전의 계기가 된다. 이는 모든 대립은 올바른 방향으로 가는 통과점이라는 생각과 맞닿아 있다. 인류의 역사도 실수투성이지만 그 덕분에 앞으로 나아갈 수 있고, 최종적으로는 올바른 위치에 도달하게 된다.

칸트는 도덕적 명령은 변하지 않고 고정된 것으로 생각했지만, 헤겔은 때와 장소에 따라 상황이 변하므로 도덕 또한 공동체의 합의에 따라 변한다고 생각했다.

인간의 성장이나 인간관계도 변증법!

갓 태어난 아기는 체험을 통해 성장하여 유년기와 청년기를 거치면서 자아를 찾아간다. 이때부터 '나는 어떤 존재일까?' 하는 고민이 시작된다. 이 과정에서 자신의 가능성을 표현하고 다양한 것들과 관계를 맺으며 그 가능성을 키워간다. 공부하고 운동을 즐기고 친구와 대화를 나누며 성장한다. 어제의 몸과 오늘의 몸이 다르고, 어제의 감정과 오늘의 감정이 다르다. 그리고 어른이 되면 이성적으로 생각할 줄 알게 된다. 곧 인간은 자신을 부정하면서 더 높은 단계로 올라가기를 반복하며 성장해간다. 이것이 변증법이다.

어른이 되어도 변증법은 계속된다. A씨는 자신이 올바르다고 확신하는 사람이다. 자신이 내린 결정은 언제나 옳다고 믿으므로 원하는 행동만 선택한다. 이런 A씨를 보며 B씨는 "당신은 너무 제멋대로야. 좀 더 전체를 보며 행동해야 하지 않을까?"라고 지적한다. B씨는 나무보다는 숲을 보며 설교하는 유형이다. 그러나 자신을 중심으로 생각하기 좋아하는 A씨는 "아니, 나는 내 신념에 기초해서 행동할 뿐이야."라고 대답한다. 전체를 중시하는 B씨가 보기에 A씨는 작은 일에 얽매이는 사람처럼 느껴진다.

그렇다면 B씨에게는 잘못이 없을까? 남의 흠만 들추어내고 자신은 늘 옳다고 생각하는 면은 A씨와 비슷한 것 같다. 그렇다면 이렇게 모순과 대립으로 가득한 인간관계를 어떻게 해결하면 좋을까? 이들은 최종적으로 화해와 융합이라는 목적에 도달해야 한다. A씨와 B씨가 자신의 잘못을 뉘우치고 서로 용서하면 화해와 융합을 이룰 수 있다. 헤겔은 자신과 타자가 서로 인정하기 위해서는 자신만이 옳다는 생각을 버려야 한다고 말했다.

헤겔은 인식이나 사물은 정正, 즉자 반反, 대자 합合, 즉자 겸 대자의 3단계를 거쳐 전개된다고 생각했다. 이 3단계를 변증법이라고 한다. 정의 단계란 그 자신 속에 모순을 포함하고 있음에도 그 모순을 알아채지 못하고 있는 단계다. 반의 단계란 그 모순이 자각되어 밖으로 드러나는 단계다. 그리고 이와 같은 모순이 부딪힘으로써 제3의 단계인 합으로 나아가게 된다. 이 합의 단계는 정반합이 종합되어 통일된 단계이며, 여기서는 정과 반에서 볼 수 있었던 모습들이 함께 부정되면서 또는 함께 살아나서 통일된다. 이 단계를 아우프헤벤Aufheben이라고 부른다.

역사가 나아가는 방법도 변증법!

헤겔의 철학에는 역사라는 테마가 짙게 깔려 있다. 이전에는 역사를 철학적으로 해석하지 않았지만 헤겔의 등장 이후 역사를 보는 새로운 방법이 등장했다. 우리는 흔히 역사는 우연히 일어난 사건들의 연속이라 생각하지만 헤겔은 역사가 일정한 규칙에 따라 나아간다고 생각했다. 이를테면 RPG 게임처럼 각 단계가 결정되어 있다는 말이다. 우선 악당을 쓰러뜨리기 위해 장비를 사고 그 뒤 나아갈 단계를 결정한 뒤 악당이 공격해오면 그에 대응하기 위해 비상식량이나 부활약 등을 투입해 위기를 넘긴다. 한 악당을 해치우면 다시 새로운 악당이 나타나 비슷한 과정을 거치며 문제를 해결해나간다. 헤겔은 역사도 이와 마찬가지로 규칙에 따라 단계별로 진행된다고 보았다.

안정된 단계 즉자, 卽自

→ 대립과 모순이 드러나는 단계 대자, 對自

→ 아우프헤벤지양, 止揚 ＝ 보존되고 높아진다

→ 모순을 뛰어넘은 단계 즉자 그리고 대자

이렇게 모든 일은 대립과 모순을 통해 더 높은 단계로 나아간다. 이것이 변증법이다. 헤겔이 말한 바로는 역사도 변증법의 형태로 진행된다. 절대왕정이 안정을 찾았다고 생각했을 때 모순과 대립이 생겨나 프랑스 혁명이 일어났다. 뒤이어 나폴레옹이라는 영웅이 등장해 전쟁의 모순을 극복하고 자유를 실현했다. 헤겔이 말한 바로는 세계의 본질은 자유이므로 역사가 계속될수록 인간은 자유에 가까이 다가간다.

헤겔의 변증법

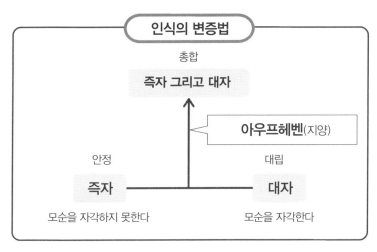

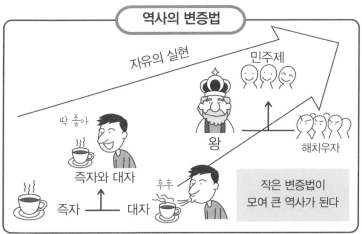

모순과 대립을 통해 한 단계 올라간다

서양 세계는 고대 오리엔트를 거쳐 그리스가 탄생하고 뒤이어 게르만 세계가 등장하는 과정을 거치며 오늘날에 이르렀다. 처음에는 왕만이 자유를 가질 수 있었으나 점점 많은 사람이 자유를 누리게 되었다. 역사는 부정적인 요소들을 변증법적으로 극복해가며 점차 완벽한 상태로 나아간다.

역사의 구조도 변증법!

헤겔이 말한 바로는 인간은 스스로 자유를 실현할 의지를 지니고 있으므로 개인의 자유 실현은 공동체를 위하는 방향으로 나아간다. 공동체의 최소 단위는 가족이고 가족은 가족애로 묶여 있다. 그리고 가족 관계는 경제적 여건이 충족되어야 유지되는데 이는 노동을 통해 마련할수 있다. 노동은 사회 안에서 생기는 것이므로 가족의 자유와 사회는 밀접한 관련이 있다. 사람은 사회에서 노동함으로써 이익을 얻고 자신의 자유를 실현한다. 그러나 사회는 가족처럼 사랑만으로 묶여 있는 것이 아니라 개인의 욕망과 이에 따른 상호작용을 바탕으로 움직인다. 헤겔은 이를 욕망의 체계라 불렀다.

사회에서 이익을 얻기 위한 경쟁이 치열해질수록 자유를 실현할 수 있는 사람과 그렇지 못한 사람 사이에 갈등의 골이 깊어진다. 이러한 상황을 해결하지 못하면 공동체는 질서를 잃은 채 공존하지 못하고 뿔뿔이 흩어지게 된다. 더욱이 자본주의 사회가 발달할수록 부의 분배가 불평등해진다. 노력이나 능력만이 아니라 자신의 힘으로는 어찌할 수 없는 요소까지 더해져 불평등이 심화된다.

그러므로 자유의 실현을 위해 경제활동의 자유가 인정되어야 하는 만큼 공생을 위한 복지행정도 갖추어야 한다. 이것이 국가 차원에서 실현되면 질서가 바로잡힌 국가가 된다. 이렇게 가족과 사회는 대립과 모순의 관계에 있지만 변증법을 통해 국가라는 틀 안에서 다시 하나가 된다.

소비는 나쁘고, 노동은 좋다

노동이란 인간이 목적에 따라 자연물을 가공하여 무언가를 만들어내는 활동이다. 나아가 단순히 물건뿐 아니라 문화를 만드는 활동도 노동이라 부른다. 헤겔에 따르면 인간의 활동은 욕구를 충족시키려는 노력에서 시작되고, 욕구는 자연대상을 소비함으로써 충족된다.

햄버거를 먹는 행위는 햄버거를 파괴하는 행위이기도 하다. 건전지는 쓰면 닳는다. 차를 운전하면 엔진이 마모되고 도로도 손상된다. 이렇게 인간이 욕구를 가지고 행동하면 그 대상에게 파괴적이고 부정적인 결과가 따른다. 그러나 욕구의 충족은 일시적인 것에 지나지 않는다. 하나의 욕구를 충족시키면 또 다른 욕구가 나타난다. 이처럼 소비에는 끝이 없다.

그렇다면 생산은 어떨까? 노동을 통한 생산은 소비와는 반대 양상을 띤다. 노동은 대상에 새로운 형태를 부여한다. 제품을 기획하고 만들고 운영하는 것은 새로운 형태를 낳는 생산적이고 적극적인 활동이다. 그

헤겔의 노동론

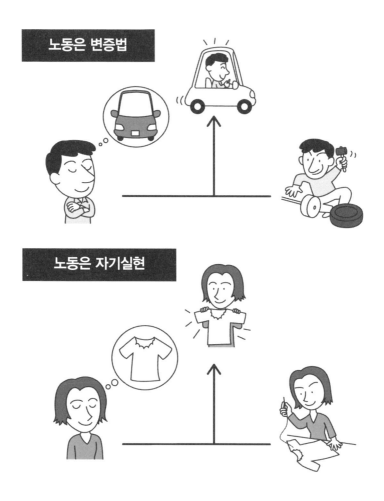

노동은 변증법

노동은 자기실현

노동은 이성적으로 자신을 억제하는
적극적인 행위

러나 노동을 즐거워하는 사람은 많지 않다. 노동하는 동안에는 욕구를 억제해야 하기 때문이다. 그러므로 노동은 욕구를 억누르고 자신을 이성적으로 통제한 결과 발생하는 적극적, 발전적인 행위가 틀림없다.

노동에도 변증법이 숨어 있다. 예를 들어 옷을 만들 때를 생각해보자. 패션 디자이너가 디자인을 하고 소재를 재단하여 옷을 만든다. 그러나 마음속으로 생각했던 콘셉트를 옷에 표현하는 과정에서 다양한 문제에 부딪힌다. 원하는 형태가 잘 나오지 않기도 하고 경비가 부족하기도 하며 시간이 모자라기도 한다. 무슨 일에든 이러한 부정적인 요인은 있다.

변증법에 따르면 어떤 일이든 일정 수준에 이르면 반드시 부정적인 요인이 발생하기 마련이므로 이는 어쩔 수 없다. 사람은 관계 속에서 모순을 극복하며 자신의 이미지를 형성하고 일을 완성해간다. 즉 노동이란 일을 통해 자신을 확인하는 행위이자 외부의 눈으로 자신을 바라보는 행위이기도 하다.

겉으로 드러난 노동 생산물 안에 나의 이상이 담겨 있다는 말은 노동은 곧 자기실현이라는 말과 같다. 또한 노동을 통해 기능과 지식을 연마하고 자신을 단련할 수 있다. 그러므로 노동이란 인간이 욕구투성이인 의존상태에서 벗어나 정신적 자율을 얻으려는 방법이자 정신을 드높이는 훈련이다. 그러므로 일이 하기 싫다든가 돈만 있다면 노는 편이 좋다는 생각은 옳지 않다. 일 자체가 인간 정신을 드높이는 목적이자 삶의 보람이므로 소비나 향락만 아는 사람보다 노동에 종사하는 사람은 훨씬 차원이 높은 인간이다. 노동에 대한 이러한 고찰은 훗날 마르크스의 사상(128쪽 참조)에도 큰 영향을 미쳤다.

근대철학의 챔피언 탄생!

이렇게 헤겔은 근대철학의 챔피언이 되었다. "헤겔이 근대철학을 완성했다"고 말하기도 하는데 처음 철학사를 접한 사람이라면 철학이 완성됐다는 말이 무슨 뜻인지 이해하기 어려울 것이다. 이는 소크라테스 시대부터 이어져 내려오던 철학의 역사를 헤겔이 일단락지었다는 뜻이다. 즉 답을 얻었다는 말이다. 철학에도 물리나 수학처럼 문제가 해결되는 순간이 있다. 답을 얻은 후에 다시 문제가 되기도 하는 것이 철학의 특징이지만 말이다.

헤겔 철학은 역사의 법칙을 설명할 뿐 아니라 정치부터 자연과학에 이르기까지 다양한 분야를 다룬다. 그래서 당시에는 헤겔 철학이 궁극의 지식이고 모든 학문은 헤겔 철학에서 마무리된다는 평가가 가능했다.

그러나 헤겔 이후에 자연과학을 비롯한 많은 학문이 급속히 발전했기 때문에 오늘날 헤겔이 진리를 밝혔다고 믿는 사람은 없다. 그래도 당시에는 헤겔의 업적이 무척 선구적이었으므로 근대철학의 완성이라고 생각했다. 헤겔의 변증법으로 철학사는 일단락되었다고 여겼지만, 완성인 줄 알았던 헤겔의 사상은 니체와 마르크스에게 비판받으며 새로운 사상을 낳았다. 이렇게 철학은 과거에 인정받은 것을 부정하고 새로운 것으로 향해 나간다(이 역시 변증법이다).

마르크스의 사회주의

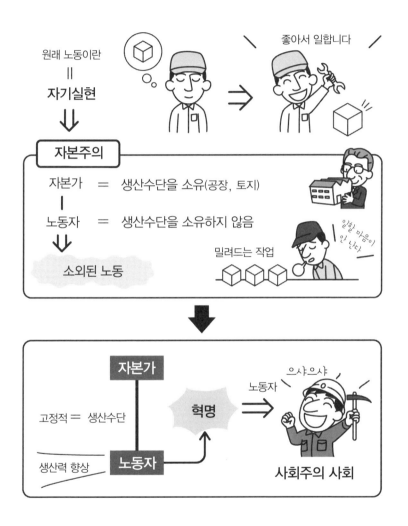

인간은 노동을 통해 사회적 존재가 될 수 있다

복권에 당첨되면 일을 그만둔다?

헤겔의 변증법을 비판하며 새로운 철학을 확립한 인물 중 한 사람이 독일의 경제학자 카를 마르크스^{Karl Heinrich Marx, 1818~1883년}다. 마르크스의 사회주의는 요즘은 별로 인기가 없는 듯하지만 여전히 우리에게 생각할 거리를 던져준다. 또 우리가 자본주의 사회에 대해 가졌던 의구심을 시원하게 짚어주기도 한다.

예를 들어 어떤 노동자에게 "복권에 당첨되어 60억 원을 갖게 된다면 일을 계속 하겠습니까?"라고 물으면 어떤 답이 돌아올까? "당연히 그만둡니다."라고 대답하는 사람은 노동을 돈을 벌기 위한 수단으로만 여기는 사람이다. 마르크스는 이렇게 돈벌이에 지나지 않는 노동을 '소외된 노동'이라 부르며 비판했다.

마르크스에 의하면 노동자는 일을 하며 임금을 받지만, 생산한 상품 체가 자본가의 것이므로 상품에서 배제된다(상품의 소외). 그리고 노동 체도 단순히 자본가의 명령대로 분업될 뿐이기 때문에 노동에서도 배제된다(노동의 소외). 게다가 노동자는 다른 노동자와 경쟁해야 하고 그 경쟁에서 이겨야 높은 임금을 받을 수 있다. 인간이 인간 자체가 아닌 화폐 가치로 평가받는다는 의미다(인간의 소외).

마르크스는 노동은 자기실현이라고 믿었던 헤겔에게 영향을 받은 인물이다. 사람은 노동을 통해 바깥세상과 상호작용하고 타자와 얽히며 사회에 도움이 된다고 생각했다. 인간은 노동을 통해 사회적 존재가 된다고 믿었다. 이렇게 생각한 그였지만 돈벌이에 지나지 않는 소외된 노

복권에 당첨되면 일을 그만둔다?

헤겔의 변증법을 비판하며 새로운 철학을 확립한 인물 중 한 사람이 독일의 경제학자 카를 마르크스^{Karl Heinrich Marx, 1818~1883년}다.

동은 노동이라는 행위 자체뿐 아니라 그 결과마저 허무하게 만든다고 생각했다. 누구를 위해 일하는지, 무엇 때문에 일하는지 알 수 없으므로 억지로 일하는 것과 다를 바 없다.

마르크스는 자본주의 사회에서의 노동을 소외된 노동이라고 가정한다. 이러한 상태에서 벗어나기 위해서는 노동 자체가 제1의 목적이 되어 모두가 기쁘게 일하고 협동하여 풍성한 결과를 만들어내는 사회주의 사회를 만들어야 한다고 생각했다.

꼭 사회주의 사회가 아니더라도, 복권에 당첨되면 일을 그만두겠다는 소외된 노동보다는 복권에 당첨되어도 일을 계속하겠다는 삶이 더 좋을 것은 두말할 나위 없다(이런 경우에는 복권을 살 필요도 없으리라).

Chapter 06

전체의 행복을 위해
일부는 희생되어야 할까?

_ 국가와 개인

머리를 무지개색으로 염색할 자유?
사재기할 수 있는 자유?
학교에 안 갈 자유?
우리는 모두 자유로울까?

사람은 누구나 자유로울까?

　사람은 누구나 자유롭다. 그렇지만 어디까지가 자유일까? 확실히 선을 긋기는 어렵다. 예를 들어 내가 옷을 입을 자유는 완전히 내 것인 것만 같다. 그렇다면 머리카락을 오렌지색으로 염색하든 무지개색으로 염색하든 스킨헤드처럼 삭발하든 모히칸처럼 뾰족하게 세우든 모두 본인의 자유라고 할 수 있을 것이다. 헤어스타일의 허용 기준이라고 해봤자 타인에게 불쾌감을 주지 않는 선이라고밖에 정할 수 없으므로 여기까지는 되고 여기부터는 안 된다고 딱 잘라 말하기가 어렵기 때문이다.

　그렇다면 전철에서 자리가 났을 때 앉을 수 있는 자유는? 전쟁이 나기 전에 생수를 미리 사재기할 수 있는 자유는? 댓글을 쓸 수 있는 자유와 언론 출판 집회의 자유는? 이렇게 자유의 기준에 대해 생각하다 보면 필연적으로 타인의 시선과 국가의 제약에 대해 한 번쯤 다시 생각하게 된다. 자, 그럼 국가부터 생각해보자. 국가는 어떻게 생겨났을까?

국가는 어떻게 생겨났을까?

평소에는 의식하기 어렵지만 사실 국가의 정치권력은 일상 곳곳에 퍼져 있다. 권력이란 내 의지와 다른 행동도 하게끔 만드는 힘이다. 정치권력은 우리를 속박한다. 속박의 방식이 옳으면 국민이 행복해지고 옳지 않으면 모두가 불행해진다. 그런데 우리가 태어나면서부터 이미 소속되어 있는 국가라는 존재는 어떻게 생겨난 것일까?

이 문제를 진지하게 고민한 사람들이 있다. 영국의 경험론자인 홉스와 로크(4장 참고), 프랑스의 정치사상가이자 교육사상가로 유명한 루소 등이다. 이들은 사람들이 서로 계약을 맺은 결과 국가가 성립했다고 보고 이로부터 정치권력의 정당성을 찾는 사회계약설을 주장했다. 사회계약설에서는 국가를 생각하기 전에 먼저 '자연 상태(원시 상태)'를 생각한다. 거기에서부터 국가가 어떻게 출현했는지를 설명하고자 한 것이다.

제1설: 전쟁 상태를 피하고자

우선 첫 번째 주자로 토마스 홉스Thomas Hobbes, 1588~1679년부터 살펴보자. 그는 영국 경험론의 입장을 취한 동시에 대륙합리론의 기계론적 자연관(67쪽 참고)에서도 영향을 받아 유물론唯物論을 주장했다. 유물론이란 세계의 모든 것을 물질로 설명하는 입장이다(지금은 유물론이 널리 퍼져 있다). 유물론자들은 정신도 물질(뇌)에서 생겨났다고 생각한다. 또 인간이라는 자동기계自動機械의 활동을 촉진하는 것은 쾌락이고, 방해하는 것은 고통이다. 쾌락을 향한 노력은 욕구, 고통을 피하려는 노력은 혐오다. 여기에는 공리주의(쾌락과 고통을 인간 행위의 원인이나 정의의 기준으로 삼는 생각법, 144쪽 참고) 사상도 녹아 있다.

홉스는 인간이 자동기계라는 점에서 모든 인간은 평등하다고 생각했다. 또 인간은 자연 상태에 있을 때 자기보존 본능에 따라 자연권自然權을 행사한다(자신의 생명을 지키기 위해 무엇을 해도 좋다는 권리가 자연권이다). 그런데 자연권을 행사하는 상태에서는 사람들이 서로 불신할 경우 전쟁이 일어난다.

결국 '인간은 다른 인간에게 늑대'가 되고 '만인의 만인에 대한 투쟁' 상태가 된다. 사람들은 저마다 고립되고 사회가 붕괴되어 정의도 불의도 아닌 상태가 된다. 이런 상태에서는 죽음에 대한 공포를 느낄 뿐이다. 이렇게 되자 사람들은 이성의 목소리에 따르기 시작했다.

이 이성의 목소리가 바로 자연법(인간의 본성에 기초한 보편적인 이치, 56쪽 참고)이다. 이성의 목소리는 사람들이 평화롭게 살기 위해 협정을 맺도록 유도한다. 자연권을 행사하면 살인도 너무나 쉽게 벌어지므로 당연히 자연권은 통제해야 한다. 이에 사람들은 각자 가지고 있던 자연권을 하나의 공동 권력에 양도함으로써 그것을 제한하자는 협정을 맺는다.

이렇게 해서 국가가 성립됐다는 것이 홉스의 생각이다. 인간은 기계이고 쾌락을 추구하므로 본질적으로 이기적이다. 그러므로 국가가 없으면 전쟁 상태가 된다.

인간은 위기가 닥쳤을 때 목숨을 지키기 위해서라면 무슨 짓을 해도 괜찮다는 권리인 자연권을 국가에 양도했다. 이러한 사회계약설은 근대 정치철학의 기점이 되었다.

국가는 모든 것을 지배하는 괴물

사회계약설은 홉스가 쓴 《리바이어던》에 잘 나타나 있다. 책 제목인 리바이어던은 구약성서 〈욥기〉에 나오는 거대한 바다 괴물의 이름이다.

> "땅 위에는 그것 같은 것이 없나니 두려움 없게 지음 받았음이라.
> 모든 높은 것을 낮게 보고 모든 교만한 것의 왕이 되느니라."
>
> 구약성서 〈욥기〉 45장 25~26절

홉스는 국가를 괴물에 견주었다. 국가를 인공인간ㅅㅗㅅ圖 즉, 인간이 만든 인간이라고 주장한 점도 흥미롭다. 그는 또 주권은 나라 전체에 생명과 움직임을 가져다주는 인공영혼이고 위정자나 사법, 행정에 임하는 사람들은 인공관절이며 상과 벌은 신경, 개인의 부와 재산은 힘이라고 비유했다.

홉스의 사회계약설

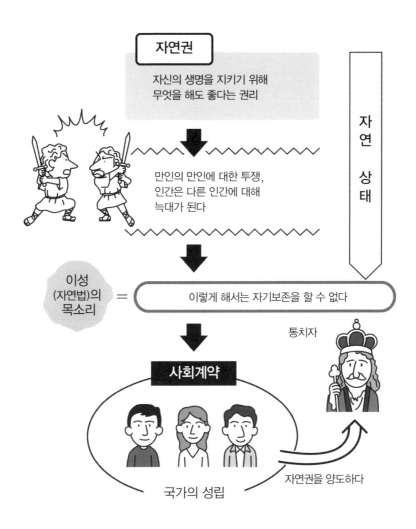

자연권

자신의 생명을 지키기 위해
무엇을 해도 좋다는 권리

만인의 만인에 대한 투쟁,
인간은 다른 인간에 대해
늑대가 된다

자
연

상
태

이성
(자연법)의
목소리
= 이렇게 해서는 자기보존을 할 수 없다

사회계약

통치자

국가의 성립

자연권을 양도하다

전쟁 상태에서 사회계약으로 국가가 성립

제2설: 재산 갈등을 해결하기 위해

홉스의 사회계약설에는 수긍이 가는 면도 있지만 잘 생각해보면 의문점도 생긴다. 전쟁 상태가 되었기 때문에 국가가 생겼다니 이상하지 않은가? 전쟁 상태가 되어→이성의 목소리가 들렸고→사회계약을 맺었다는 것은 어쩐지 앞뒤가 맞지 않는 느낌도 든다.

이에 대해 로크는 인간이 자연 상태가 된다고 해서 홉스의 말대로 전쟁이 일어나는 것은 아니라고 했다(92쪽 참고). 인간 사회에는 처음부터 이성의 목소리가 존재하므로 개인의 권리를 침범하거나 침범당하는 일 없이 평화롭고 평등하게 사는 것이 가능하다. 홉스의 생각과는 정반대다. 또 홉스에게 자연권이란 자신의 생명을 지키기 위해 무슨 짓을 해도 괜찮다는 권리이지만 로크에게 자연권이란 생명, 자유, 재산을 지킬 권리다. 자연 상태에서 개인은 노동을 통해 음식을 얻거나 토지를 소유할 뿐 아니라 경쟁 없이 평화롭게 살기 때문에 국가를 만들지 않아도 괜찮다는 것이 로크의 생각이었다.

그러나 아쉽게도 실제로는 그렇지 않았다. 광범위하게 화폐가 쓰이고, 상업과 경제가 발전하기 시작했기 때문이다. 사람들 사이에 경제력의 차이가 생겼고 타인의 소유권을 침범하려는 갈등이 일어났다. 그러나 자연 상태에서는 이를 처벌할 만한 공통의 권력이 없어 각자 자신의 재산을 알아서 지켜야 하는 등 여러 가지 불편한 점이 있었다. 결국 안전을 보장받기 위해서는 서로의 권리를 침범하지 않겠다는 약속이 필요하다는 생각이 등장했고 이것이 사회계약설이다. 사람들은 서로 동의

하여 만든 합의체인 국가에 자연권을 맡기기로 했다. 이렇게 국가라는 정치 체제가 생겨났다.

그러나 로크는 국가에 대한 저항권, 혁명권도 인정했다. 만약 입법부나 집행부가 국민의 생명, 자유, 재산(자연권)을 침해한다면 국민은 이에 저항할 권리가 있다는 것이다. 주권은 국민에게 있고 의회나 정부는 국민으로부터 권력을 위탁받았으므로 이 위탁의 의무를 저버렸을 경우에는 국민이 정부를 전복시키고 의회를 해산할 수 있다고 생각했다.

정부가 생명, 자유, 재산을 보장

로크의 이러한 생각에는 다음과 같은 전제가 깔려 있다. 신체는 개인의 소유물이므로 신체를 사용해 행하는 노동은 개인의 것이고 노동의 결과물 또한 노동 당사자의 것이라는 전제다.

무언가를 소유한다는 것은 그것을 배타적으로 사용하고(사용권), 점유하고(점유권), 자유롭게 처분할 수 있다(가처분권)는 것을 의미한다. 로크는 인간은 백지 상태(타불라 라사, 87쪽 참고)로 태어난다고 주장했는데 이는 모든 인간이 같은 상태에서 태어난다는 말이므로 평등으로 연결된다. 또 인간은 모두 기계라는 점에서 평등하다고 주장한 홉스의 생각과도 통한다.

이렇게 로크는 인간이 국가를 만든 이유는 생명, 자유, 재산을 보호받기 위해서라고 생각했다. 이는 오늘날 인권 사상 원리의 기초가 되었다.

로크의 사회계약설

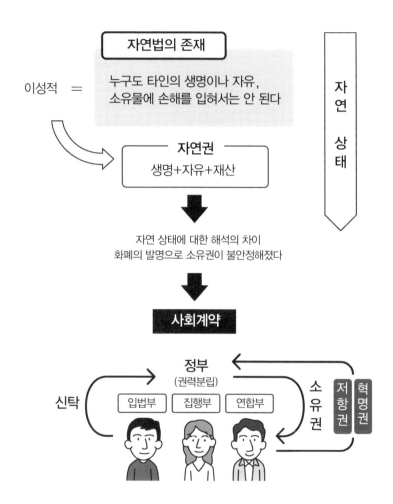

화폐에 의한 소유권 침해를 막는 것이 정부의 역할

또 국가가 진정한 의미의 법치를 실현하기 위해서는 다수의 사람들이 정치에 참여할 수 있는 의회정치가 필요하다고 주장했다. 이는 오늘날 대의정부와 권력분립주의로 이어졌다. 이렇게 로크의 생각은 오늘날 우리의 생활에도 큰 영향을 미치고 있다.

제3설: 개인의 자유를 보장하기 위해

프랑스의 계몽사상가 장 자크 루소Jean Jacques Rousseau, 1712~1778년 역시 자연 상태에 대해 생각했다. 루소는 자연 상태의 인간(자연인)에게는 두 가지 능력이 있는데 이것이 도덕적 능력을 대신한다고 생각했다.

사유재산에 의한 불평등을 해소하는 국가가 이상적

하나는 자기애다. 자기보존 능력이라고도 한다. 다른 하나는 연민의 정으로, 다른 이의 고통을 불쌍하고 가련하게 생각하는 감정이다. 자연인은 현 상태에 만족하며 누구에게도 의존하지 않기 때문에 홉스가 말한 '만인의 만인에 대한 투쟁'을 벌이지 않는다. 또 사회적 관계가 존재하지 않으므로 로크가 말한 소유권도 없다. 다만 루소는 이 자연 상태는 역사적 사실이 아니라 가설적인 추론으로서만 파악된다고 했다. 그렇다면 인간이 서로 결합해 공동체를 형성하는 것은 어떤 원리에 기초한 것일까?

루소에 따르면 토지의 사유화에서 시작된 사유재산제도가 불평등을 가져왔고 이것이 전쟁으로 이어져 세계는 동정심과 정의를 잃게 되었다. 그래서 루소는 자연으로 돌아갈 것을 주장했다. "인간은 자유롭게 태어났지만 어디서나 사슬로 묶여 있다"는 것이 그의 생각이었다. 이는 사회의 본래 모습이 아니므로 개인의 자유를 보장하는 정부를 만들어야 한다. 결국 사람들의 합의를 기본으로 하는 국가가 필요하다.

국가는 국민의 일반의지에 이끌린다

이 새롭고 자유로운 국가에서 주권자는 국민이고 국가는 국민의 일반의지에 따라서만 움직여야 한다. 일반의지란 모든 사람이 동의하는 공동의 이해와 관련된 의지다. 이 의지는 언제나 평등을 향하고 오류가 없다.

주권이란 일반의지를 행사하는 것이고 법도 일반의지를 따라야 한다. 예를 들어 여러 사람이 모여 함께 여가 시간을 보내기로 했을 때 게임, 영화 관람, 쇼핑 등 저마다 각자의 의지를 주장한다면 이것은 특수의지다. 특수의지는 이기적인 의지다. 이 특수의지의 총합을 전체의지라고 한다. 일반의지는 특수의지의 총합이되 전체의지는 아닌, 모든 사람에게 공통된 의지이므로 "모든 사람이 노래방에 가는 것에 찬성했다"와 같은 통일된 의지여야 한다.

루소는 또 일반의지가 제대로 표현되기 위해서는 국민이 함께 모여 자신의 의지를 표현하는 과정이 빠져서는 안 된다고 생각했다. 그러므

루소의 사회계약설

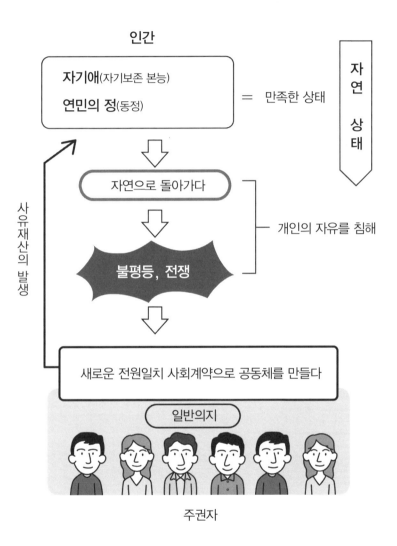

인간

자기애(자기보존 본능)

연민의 정(동정)

= 만족한 상태

자연 상태

사유재산의 발생

자연으로 돌아가다

불평등, 전쟁

개인의 자유를 침해

새로운 전원일치 사회계약으로 공동체를 만들다

일반의지

주권자

사유재산에 의한 불평등을 해소하는 국가가 이상적

로 모든 국민이 직접 정치에 참여하는 직접민주제를 이상으로 봤다. 루소의 생각은 프랑스 혁명과 프랑스 인권선언에 큰 영향을 미쳤다.

인간은 고통을 피하고 쾌락을 추구한다

영국의 경험론자인 홉스도 공리주의 원리를 주장했지만 막상 공리주의를 체계화해 사회에 큰 영향을 미친 인물은 제러미 벤담Jeremy Bentham, 1748~1832년이다. 벤담에 따르면 인류는 고통과 쾌락이라는 두 명의 군주의 지배하에 있다. 인간이 무엇을 해야 할지를 결정하는 것은 이 두 군주뿐이다. 다시 말해 인간의 행동은 결국 고통을 피하고 쾌락을 추구하는 단순한 원리에 지배당한다는 뜻이다. 사람에 따라 행동은 제각각이지만 모든 것이 고통과 쾌락으로 설명된다.

벤담은 선악의 기준 또한 쾌락과 고통에 있다고 보았다. 이는 그전까지의 도덕관과는 전혀 다른 것이다. 기독교 전통을 지켜온 유럽에서는 고통을 참고 수행하면 천국에 가고, 쾌락을 추구하면 타락한다고 믿었다. 이것이 일반적인 도덕이었던 상황에서 벤담은 고통을 주는 행위는 악이고 쾌락을 주는 행위는 선이라고 단언한 것이다(공리의 원리).

고통과 쾌락은 인간의 행위나 언행, 생각 등 모든 것을 지배하고, 인간은 이 지배에서 벗어날 수 없다. 벤담은 영원히 금욕하는 것은 불가능하고 그것이 선한 선택도 아니라고 생각했다. 공리주의에서 선악은 행위의 동기가 아니라 행위의 결과에 얼마나 많은 쾌락이 담겨 있는가로 결정된다(결과설). 따라서 어떤 행동이 옳은지 그른지를 판단할 때에는 그와 연관된 사람들이 행복한가 그렇지 않은가로 따져볼 수 있다.

최대다수의 최대행복을 낳은 쾌락계산

그래서 벤담은 어떤 행위가 쾌락과 고통을 얼마나 낳는가를 파악해 그 크기를 비교해야 한다고 주장했다. 쾌락과 고통의 크기를 계산하는 방법이 바로 쾌락계산이다. 쾌락계산은 아래의 일곱 가지 기준을 근거로 한다.

1. 쾌락이 얼마나 강한가 (강도)
2. 쾌락이 얼마나 오래 지속되는가 (지속성)
3. 쾌락이 얼마나 확실하게 생기는가 (확실성)
4. 쾌락이 얼마나 빠르게 얻어지는가 (근접도)
5. 쾌락이 다른 쾌락을 낳을 가능성이 얼마나 있는가 (다산성)
6. 쾌락이 고통으로부터 얼마나 멀리 떨어져 있는가(순수성)
7. 쾌락이 얼마나 많은 사람에게 전달되는가 (범위)

이 수치에 따라 쾌락과 고통의 총량이 결정된다. 공리주의에서 쾌락은 행복이라는 말로 대치되는데, 이 원리는 개인의 행동뿐 아니라 사회 정책에도 적용된다. 따라서 사회 전체의 행복은 공리주의의 원리에 따라 입법과 행정 원리에까지 확대하여 실현될 수 있다.

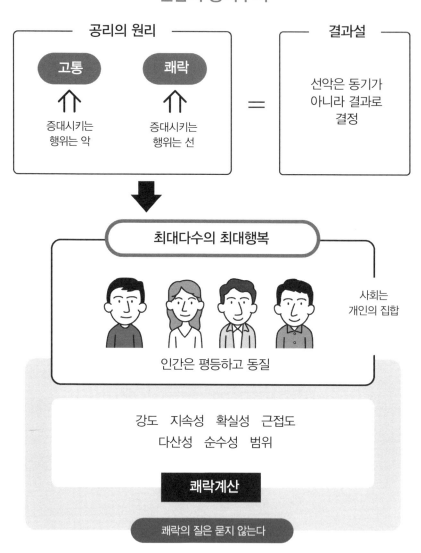

벤담의 공리주의

공리의 원리

고통

⇑

증대시키는
행위는 악

쾌락

⇑

증대시키는
행위는 선

=

결과설

선악은 동기가
아니라 결과로
결정

최대다수의 최대행복

사회는
개인의 집합

인간은 평등하고 동질

강도　지속성　확실성　근접도
다산성　순수성　범위

쾌락계산

쾌락의 질은 묻지 않는다

개인의 행복의 총화가 최대=사회 전체가 행복

사회는 다수의 개인으로 구성되어 있으므로 개인의 행복의 합이 최대가 될 때 사회 전체의 행복도 달성된다. 이를 벤담은 최대다수의 최대행복이라고 표현했다. 이러한 공리주의는 현대 정치에도 매우 큰 영향을 끼쳤다. 일본에도 메이지 초기에 도입되어 사회 전체에 퍼졌다.

사재기는 전체를 생각하면 손해?

1973년 오일 쇼크[5]가 전 세계를 흔들었을 때 겁에 질린 주부들이 휴지 사재기 열풍을 일으켜 한때 휴지 품귀 현상이 벌어졌다. 동일본 대지진 때도 이와 비슷하게 생수 사재기 열풍이 불어 생수 구하기가 하늘의 별 따기였다.

최대다수의 최대행복이라는 철학을 실현하기 위해서는 되도록 많은 사람이 고통을 피하고 쾌락을 얻을 수 있도록 쾌락계산을 잘 따져 행동해야 한다. 생수 사재기 문제를 쾌락계산법에 따라 생각해보자. 쾌락과 고통의 강도, 지속성, 확실성, 근접도, 다산성, 순수성, 범위라는 일곱 가지를 기준으로 생각해보면 생수는 건강한 성인보다는 노약자나 임산부, 어린이에게 더 큰 쾌락을 안겨준다. 또 건강한 성인이 사재기한 탓에 생수가 꼭 필요한 이들이 고통을 받을 수도 있다. 그러므로 생수 사재기는

---

5 중동 전쟁이 일어났을 때 아랍 국가들이 석유를 정치 수단으로 악용해 석유 가격을 대폭 올린 사건-옮긴이

최대다수의 최대행복이라는 원리에 어긋난다.

쾌락과 고통은 언제나 함께 생각해야 한다. 방사성 물질에 대한 소문에 휩쓸려 괜한 불안에 떨면 몸이 스트레스를 받아 오히려 건강에 좋지 않다. 스트레스 때문에 위를 혹사하면 아무리 좋은 물을 마신다 한들 쾌락계산 수치의 합계는 마이너스가 된다. 또 일부의 고통을 지나치게 확대해 전체의 쾌락이 줄어들면 개인과 사회 모두에게 손해이므로 현명하게 생각해 행동해야 한다.

이렇게 공리주의는 무척 평등하고 합리적인 철학인 듯 보인다. 그러나 따져보면 문제점도 안고 있다. 최대다수의 최대행복이란 바꿔 말하면 전체의 행복을 위해서는 일부가 희생되어도 어쩔 수 없다는 말이 된다. 모든 사람이 똑같이 쾌락을 얻는 것이 아니라 일정한 희생 위에서 최대다수의 최대행복이 성립될 수도 있다.

생명을 공리적으로 비교할 수 있을까?

〈마이클 샌델의 하버드 특강-정의〉의 첫 번째 강의에 등장하는 유명한 사례가 있다. '폭주하는 전차'라는 이름의 철학 문제다. 영국의 철학자가 낸 문제를 샌델 교수가 인용한 것으로 내용은 다음과 같다.

당신은 달리는 전차를 운전하고 있다. 저 앞의 철로 위에 다섯 명의 인부가 서 있는 것이 보인다. 전차를 멈추려 해보지만 브레이크가 고장이 났는지 말을 듣지 않는다. 그때 문득 오른쪽에 있는 대피 철로가 시야에 들어온다. 그곳에도 인부가 있기는 하지만 한 명뿐이다. 이대로 가면 다섯 명이 죽는다. 대피 철로 쪽으로 전차의 방향을 틀면 한 명만 사망하고 다섯 명의 목숨을 구할 수 있다. 자, 당신이라면 어떻게 하겠는가? 아무 죄 없는 한 사람을 죽게 하는 것은 비극이지만 다섯 명이 죽는 것보다는 낫다고 생각할 수도 있다. 그러나 이를 달리 생각해보면 '생명의 가치를 양으로 계산할 수 있을까?'라는 의문으로 이어진다.

이번에는 당신이 다리 위에서 철로를 내려다보는 구경꾼이라고 하자. 아까와 마찬가지로 전차가 질주하고, 그 앞에는 다섯 명의 인부가 서 있다. 그런데 당신 옆에 덩치 좋은 남자가 서 있다. 이 남자가 철로 위로 몸을 던지면 전차의 질주를 막을 수 있다(당신은 뛰어내린다 해도 몸집이 너무 작아 전차를 멈출 수 없다). 당신은 이 덩치 좋은 사내를 철로 위로 밀 수 있겠는가?

최대다수의 최대행복이라는 공리주의에 따라 생각하면 남자 한 명의 희생으로 다섯 명을 구할 수 있으므로 남자를 미는 쪽이 옳다. 그러나 이는 전차를 대피 철로로 몰아 한 사람만 희생시키고 다섯 명을 구하는 것과는 다르다. 다섯 명을 구하기 위해 위험에 처하지 않았던 한 명을 죽음으로 내몬다는 논리에는 분명 무리가 있다. 이것이 공리주의의 모순이다. 결과만을 중시하고 인간의 내면적인 동기를 계산에 넣지 않아 불합리가 따른다. 공리주의는 현대에 가장 큰 영향을 미친 사상 중 하나이지만 어딘지 모르게 인간미를 잃은 느낌이다.

만족한 돼지보다 불만족한 사람이 낫다

존 스튜어트 밀John Stuart Mill, 1806~1873년은 경제학자의 장남으로 런던에서 태어났다. 그의 아버지 제임스 밀James Mill, 1773~1836년은 벤담과 친분이 있었고 벤담의 사상에도 깊이 공감했다. 그러나 아들인 존 스튜어트 밀은 벤담의 공리주의 사상을 약간 수정했다. 예를 들어 뷔페에서 얻는 쾌락과 아름다운 음악을 듣고 눈물을 흘리는 쾌락은 양적으로는 같을지 몰라도 질적으로는 큰 차이가 있다고 주장한 것이다. 밀은 벤담의 양적 공리주의에 대해 이렇게 말하며 질적 공리주의를 주장했다.

" 만족한 돼지보다 불만족한 사람이 낫다. 만족한 바보보다 불만족한 소크라테스가 낫다."

《공리주의론》

돼지로 사는 쾌락보다는 고통스럽더라도 인간으로 사는 즐거움이 질적으로 높다는 말이다. 결과의 쓸모를 중시하는 공리주의에 동의하면서도 한발 나아가 쓸모가 있기만 하면 되는 것이 아니라 깊이 있는 쓸모를 추구한 것이다. 또 밀에 따르면 개인의 행복(쾌락)과 사회의 행복(쾌락)이 반드시 일치하지 않는다. 이럴 경우 인간은 이기심을 억누르고 사회의 행복을 위해 개인의 행복을 희생해야 한다고 생각했다. 이기심을 억누르는 방법으로 벤담은 외적인 제재를 중시한 것에 비해 밀은 내적인 통제, 즉 양심과 공감을 중요하게 생각했다.

밀의 질적 공리주의

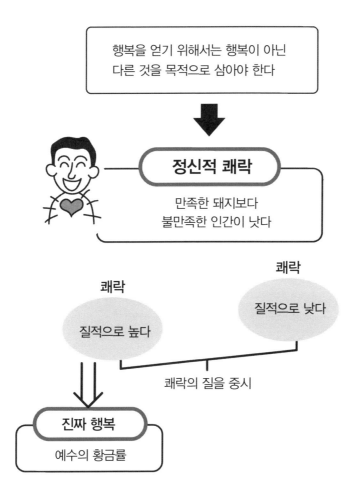

행복을 얻기 위해서는 행복이 아닌
다른 것을 목적으로 삼아야 한다

정신적 쾌락

만족한 돼지보다
불만족한 인간이 낫다

쾌락

질적으로 높다

쾌락

질적으로 낮다

쾌락의 질을 중시

진짜 행복

예수의 황금률

남에게 받고 싶은 대로 남에게 해주어라
질적으로 높은 쾌락을 추구해야 한다

이기심을 억누른다는 것은 다른 말로 하면 이타주의를 넓히는 것이다. 밀은 진정한 쾌락과 행복은 헌신에서 나온다고 생각했고 따라서 "네가 바라는 대로 남에게 해주어라."라는 예수의 황금률을 이상으로 믿었다. 그리고 "자신이 바라는 것을 남에게 베풀고, 이웃을 자신처럼 사랑하는 것이야말로 공리주의 도덕의 이상적 경지다."(공리주의론)라고 말했다.

밀은 "행복을 얻기 위해서는 행복 외의 다른 것을 목적으로 삼아야 한다"고도 이야기했다. 행복(쾌락)만 좇다 보면 행복은 오히려 멀어진다. 나의 행복을 좇지 말고 타인의 행복을 키우려 노력하다 보면 자연히 나를 비롯한 많은 사람이 행복해진다.

코스프레 복장으로 거리를 활보해도 내 자유!?

이제 이 장의 처음에 이야기했던 자유의 기준에 관해 이야기해보자. 사람은 누구나 자유롭지만 어디까지가 자유인지 확실히 선을 긋기는 어렵다. 우리는 패션에 관해 이야기했다. 오렌지색 머리카락, 무지개색 머리카락, 스킨헤드와 모히칸 스타일까지. 남에게 불쾌감을 주지만 않으면 무엇이든 내 자유라고 한다면, 어디서부터 어디까지가 자유로운 행동일까?

밀의 자유주의에서는 개인의 자발적인 행위에 간섭하지 않는 것이 최선이다. 또 타인에게 해를 끼치지 않는 한 인간은 자신의 생명, 신체,

재산에 대해 자유롭다. 개성이 최고의 가치라 인정하고 개인의 자유로운 판단을 존중하며 사회 규제는 최소한으로 줄이는 것이 좋다고 생각한다. 그러므로 비이성적이고 어리석은 행위일지라도 자신이 최선이라고 생각하면 선택할 자유가 있다. 이렇게 밀은 오직 자신과 관련된 부분에서 자유는 절대적이라고 믿었다.

이렇게 생각하면 모히칸족처럼 머리를 세우고 번쩍번쩍한 가죽 바지를 입고 해골 열쇠고리를 찬 채 명동 거리를 걷는다고 해도 전혀 문제될 것이 없다. 매일 만화 코스프레 복장을 하고 다닌다 해도 전적으로 자유다. 타인에게 불쾌감을 준다 해도 그 기준이 무척 주관적이므로 흑백을 가리기가 어렵다.

한편 밀은 타인과 관련한 일에 대해서는 자기 행위에 대한 법적, 사회적 책임을 져야 한다고 분명히 말했다. 따라서 어떤 취미나 기호든 또는 어떤 신조나 주장에 기초한 행동이든 타인에게 폐를 끼치지 않는다면 간섭받지 않을 자유가 있다. 더욱이 밀은 독단적인 억측으로 타인에게 어떤 행위를 강요하면 안 되고, 거꾸로 타인의 욕구를 강제로 억누르는 것 또한 옳지 않다고 주장했다.

모두 자유를 지니고 있으므로 저마다 타인에게 폐를 끼치지 않는 범위에서 균형을 유지해야 한다. 이러한 자유주의는 현대인에게도 깊은 영향을 미쳤다. 나이 든 사람들은 자신이 살아온 방식을 내세우며 "이것이 올바른 삶의 방식이다."라고 설교하기 일쑤다. 한편 젊은이들은 영국이나 미국의 자유주의를 중시하여 "무엇이든 폐만 안 끼치면 내 마음이다."라고 주장한다. 과연 어느 쪽이 맞을까?

전체를 위해 자신이 희생하는 것은 참을 수 없다

이렇게 밀의 질적 공리주의와 자유론은 현대에 무척 다양하게 해석된다. 〈마이클 샌델의 하버드 특강-정의〉에서는 학생들에게 셰익스피어 희곡의 일부분과 애니메이션 〈심슨〉을 보여주며 어느 쪽이 더 큰 쾌락을 주는지 물었다. 그 결과 학생들은 셰익스피어 쪽이 숭고하지만 재미있는 것은 심슨이라고 대답했다. 인간이 반드시 숭고한 것에서만 쾌락을 얻지는 않으므로 밀의 질적 공리주의가 늘 옳다고는 할 수 없다. 한국의 전통 연극인 판소리 한마당을 감상하는 것과 만화 〈짱구는 못말려〉를 보는 것 중 어느 쪽의 쾌락이 더 클까? 판소리 한마당이 질 높은 쾌락을 선사하겠지만 아무래도 짱구 쪽에 손을 드는 사람이 더 많지 않을까?

쾌락에 질적인 요소를 넣어 생각하면 최적의 쾌락계산도 가능하다. 벤담의 최적 공리주의는 쾌락의 질은 고려하지 않았다. 예를 들어 벤담은 동성애자를 긍정했다. 기독교에서 말하듯 '질적으로 나쁘다'라고 규정하지 않은 것이다. 이렇게 질적인 부분을 따지다 보면 정치적인 판단을 할 때 무엇을 우선시해야 할지 기준이 사라지는 경우도 생긴다.

또는 방송이나 상거래, 출판물 등의 질을 일일이 통제하면 오히려 더욱 위험한 느낌도 든다. 내용이 어떻든 많은 사람이 즐거워하면 됐다는 것이 양적 공리주의의 생각법이다. 현대에도 양적 공리주의는 의외로 많은 사람이 지지하고 있다. 그러나 현대 정치철학자인 롤스는 양적 공리주의를 비판했다. 또 롤스와 의견을 달리 한 샌델 교수 역시 공리주의를 비판했다. 양적 공리주의에는 개인이라는 관점이 빠져 있기 때문이다.

다섯 명이든 한 명이든 희생되는 사람 역시 존엄한 개인이므로 인간의 희생은 양으로 계산할 수 없다. 공리주의적으로 생각하지 않고도 많은 사람을 행복하게 하는 방법은 있다. 이제 현대로 넘어가 내 · 외면적으로 다른 해결법을 모색한 철학자들을 살펴보자.

Chapter 07

모순투성이인 인생을
어떻게 살아야 할까?

_ 옳음의 기준

왜 악한 사람이 더
잘사는 것 같을까?
소수의 불행을 당연히
여겨도 되는 걸까?

옳다는 주장은 정말 옳을까?

"남의 물건을 훔치지 말라"는 말은 당연히 도덕적이다. 누구도 틀리다고 말할 수 없다. 그러나 전쟁 통에 밥을 먹지 못해 비쩍 마른 아이를 안고 있는 엄마가 부잣집 저택 정원에 달린 과일 하나를 훔쳤다면 이것은 악일까? 칸트의 도덕에 따르면 절대로 도둑질을 하면 안 되므로 아이가 굶어 죽는 상황에서도 도둑질은 용납되지 않는다. 그렇다면 도덕은 누구를 위한 것인가? 옳다는 것의 절대적 기준은 무엇인가?

세상이 선과 악으로 되어 있다면 왜 악한 자들이 더 잘사는 것처럼 보이는 걸까? 최대다수의 최대행복이라고 소수의 불행을 당연히 여겨도 되는 걸까? "이것이 옳다"고 자신 있게 말할 수 있을까? 자신 있게 말할 수 있다면 그것의 확실한 근거를 어디에서 찾을 수 있을까? 이 모든 질문을 한 번쯤 해보았거나, 이제 하게 되었다면 우리는 니체를 만날 준비가 된 것이다.

신은 죽었다는 말의 엄청난 파괴력

"이것이 옳다!"라고 확실하게 말할 수 있을까? 고대부터 근대까지는 이데아나 신, 이성 등 변치 않는 옳음의 기준이 늘 있었다. 그러나 현대에 들어서는 옳음의 기준이 없어져 세상은 혼란 상태가 되었고 토대부터 다시 만들려는 움직임이 나타나고 있다. 이성보다 감정이나 욕망, 신보다 물질을 중시하는 흐름은 지금도 멈추지 않고 있다.

복싱이나 프로레슬링에서는 챔피언 벨트를 획득한 선수에게 도전자가 나타나고 대결에서 이긴 선수가 벨트를 빼앗는다. 철학에서도 같은 일이 벌어진다.

헤겔이 챔피언이 된 후 마르크스, 키에르케고르, 니체 같은 사상가들이 차례로 헤겔을 뛰어넘는 철학을 만들었다. 특히 프리드리히 니체 Friedrich Wilhelm Nietzsche, 1844~1900년의 철학은 과거의 철학을 철저히 부정했다.

예를 들어 앞서 언급했던 넥타이 에피소드(115쪽 참고)는 정언명령에 따라 "무늬가 촌스럽군."이라고 정직하게 말해야 할지, 상대방의 심정을 헤아려 "정말 마음에 들어."라고 거짓말을 해야 할지 철학적으로는 판단하기 어려운 질문이었다. 어떻게 대답을 하든 '~해야만 한다'고 판단할 때에는 옳음의 기준에 비추어봐야 한다. 신이 "거짓말을 하지 말라"고 했다면 절대적 기준인 신의 목소리에 따라야 한다. 신이 "이웃을 고뇌에 빠지게 하지 말라"고 했다면 이 역시 따라야 한다.

지금까지 살펴보았듯 사람은 이데아, 자연법, 신 등 다른 세계에 정해져 있는 진실에 비추어 정의와 불의를 가려낸다. 인간을 뛰어넘은 곳에 "남의 물건을 훔치면 안 된다." 같은 진리가 존재하고, 그 진리를 옳은 것으로 받아들여 실천하는 것이 과거 철학의 생각법이었다. 그러나 니체는 절대적인 기준을 뒤집었다. "신은 죽었다"는 니체가 한 유명한 말로, 이는 신뿐 아니라 인간이 지금까지 믿어왔던 옳음의 기준이 존재하지 않는다는 뜻이다. 니체가 멋대로 하는 말이 아니겠느냐고 생각할 수 있지만, 맥락을 따라가다 보면 꽤 설득력이 있어서 정말 신은 없는 것이 아닐까 생각하게 된다.

진실은 없고 자신이 그렇게 생각할 뿐이다

앞에서 든 예를 들어보자. 전쟁 통에 비쩍 마른 아이를 안은 엄마가 부잣집 정원에 딸린 과일 하나를 훔쳤다. 사흘을 굶은 조카를 위해 빵 하나를 훔친 《레 미제라블》의 장발장처럼 말이다. "남의 물건을 훔치지 말라"는 말은 누구도 틀리다고 말할 수 없는 도덕적인 말이다. 그럼에도 이 엄마를 악하다고 규정하기는 어딘지 석연치 않다. 이 세상 어딘가에 절대적인 규칙이 있을까? 그 규칙에 견주어보아 규칙에 벗어나면 잘못된 것일까? 그 어딘가에 있는 (우주나 우리 마음속, 혹은 신에게 있는) 절대적 규칙이 바로 도덕이라는 것일까?

니체는 전혀 다른 각도에서 도덕에 대한 답을 제시했다. 진실은 이미 정해져 있는 것이 아니라 우리가 무언가를 진실이라고 생각할 뿐이라는 것이다. 그리고 그것을 진실이라고 믿는 근거는 자기보존의 힘, 즉 이기적인 힘이다.

위의 사례에서 인색한 부자의 잇속을 먼저 생각한다면 사과 한 개라도 남에게 양보하지 않겠다는 소유욕이 앞서 "남의 물건을 멋대로 가지면 안 된다"고 주장할 것이다. 반면 아이를 지키려는 본능(니체는 아이에 대한 부모의 이기주의에 대해서도 언급했다)을 생각한다면 "위급한 상황에서는 어쩔 수 없다"고 생각할 것이다. 이런 상황에서는 한쪽을 정의라고 판정할 수 없고, 그저 인간의 욕망이 있을 뿐이라는 것이 니체의 생각이다. 이런 논법으로 공격하면 과거의 철학은 밑도 끝도 없이 힘을 잃게 된다.

이에 따르면 플라톤의 이데아론도 '이 세계가 변하거나 사라지는 것을 원하지 않으므로 영원불멸의 이데아가 있었으면 좋겠다'는 마음이 만들어낸 철학에 지나지 않게 된다. 기독교는 '신이 없으면 약자가 구원받지 못하므로 곤란하다'는 이유로 생겨난 것이 된다. 사유재산을 폐지하고 재산을 공평하게 분배해 평등 사회를 실현하자고 주장하는 사회주의는 '가난한 자가 부자를 원망하고 자신도 사유재산을 갖기 위해 만든 사회사상'이 된다. 이런 식으로 칸트도 헤겔도 그저 바라는 대로 말한 것이라고 정리해버리면 오랜 시간에 걸쳐 발전해온 다양한 철학 사

니체의 니힐리즘

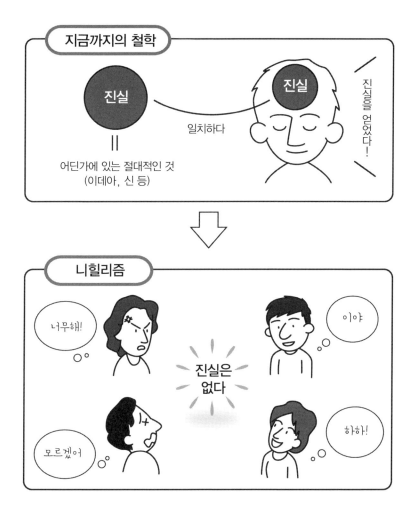

절대적인 진리라고 생각한 것은 인간의 날조

상들이 매한가지가 된다. 니체의 철학은 철학의 역사상 처음 등장한 접근법이어서 많은 사상가가 충격을 받았다.

옳다는 주장은 해석일 뿐이다

　두 사람이 교통카드를 들고 지하철 개찰구를 향해 다가온다. 둘 중 빠른 사람이 앞서 개찰구를 통과한다. 이는 선악과는 관련이 없다. 그저 걸음걸이의 속도 차로 인해 발생한 결과다. 지하철 좌석에 앉는 문제도 마찬가지다. 빈 좌석을 발견한 뒤 먼저 다가간 사람은 앉고 그렇지 못한 사람은 앉지 못할 뿐 선악과는 관계가 없다. 그러나 우리는 개찰구에서 앞사람이 교통카드를 찍을 때까지 기다리거나 지하철 빈자리를 발견하고도 앉지 못하면 억울함을 느낀다. '내가 먼저 왔는데 이 사람이 새치기를 했다'는 근거 없는 감정을 가진다. 자신이 운전자일 때는 보행자가 방해물처럼 느껴지고, 자신이 보행자일 때는 자동차가 위험하게 느껴진다. 즉 옳은지 틀린지는 다른 세계에 이미 정해져 있는 사실이 아니라 자신의 내면에서 나오는 것이다.

　은행 창구에서 대기하느라 시간을 빼앗긴다든가 식사를 주문했는데 좀처럼 나오지 않아 기다려야 하는 상황은 선과 악의 결과가 아니다. 그런데도 기다리는 사람은 마음이 조급해져서 "왜 좀 더 서둘러 작업하지 못하는 거야? 손 놓고 일하는 시늉만 하는 것 아니야?"라며 투덜댄다. 거꾸로 자신이 일할 때에 서둘러야 하는 상황이 생기면 "나도 열심히 하고 있는데 이 손님은 왜 이렇게 다그쳐?" 하고 화를 낸다.

니체가 말한 바로는 이런 판단은 모두 인간의 마음이 만들어낸 허구에 지나지 않는다. 실제로는 "나는 손해 보고 싶지 않다. 우위에 서고 싶다"는 의지가 드러난 것뿐이라는 것이다. 니체는 이를 '권력에의 의지Wille zur Macht'라고 불렀다. 이는 자신을 높이고 성장시켜 더 강해지고 싶다는 생명의 근본적인 힘이다.

인간은 살면서 자신에게 옳은 방향으로 일을 진행시키고자 한다. 그러므로 모든 변명에는 결국 '그렇게 하면 내가 힘을 얻을 테니까'라는 이유가 포함되어 있다. 이렇게 니체의 관점에서 철학의 진리를 생각해보면 이데아나 신처럼 절대적인 진리라 믿었던 것도 실은 인간이 자신의 삶을 원하는 방향으로 이끌기 위해 해석하고 만들어낸 것에 지나지 않는다. 니체가 말한 "신은 죽었다"라는 주장은 이런 의미를 담고 있다.

니체는 서양 세계에서 오랫동안 옳다고 믿어온 것들이 모두 환상이라고 생각했다. 옳음은 절대적이지도 않고 궁극적인 목적도 아니다. 이러한 생각법을 니힐리즘nihilism이라고 한다. 니체에 따르면 유럽 철학사의 토대도 모두 허구가 된다.

"진정한 나는 보이는 나와 다르다"는 변명

세계를 이렇게 해석하는 것은 인간의 욕구에 따른 것이다. 그러므로 모든 진리는 생명을 중심으로 해석된다. 힘에 대한 의지는 생명의 근원이고 인간은 더욱 강해지기를 바란다. 그리고 갈등이 생기면 힘에 대한 의지가 더욱 커진다. "오늘 프레젠테이션을 반드시 성공하겠어!"라며 모처럼 힘에 대한 의지를 발휘했는데 받아들여지지 않았을 경우, 결과를 실제보다 크게 생각하며 그 이유를 주변 탓으로 돌리기도 한다. "내 생각을 이해하지 못하는 주변 사람들이 무능하다."라고 원망하며 자아를 만족하게 한다. 니체는 이러한 변명을 '르상티망ressentiment, 복수감 또는 원한'이라고 불렀다. "나는 인정받지 못했다. 그래도 열심히 하자."라고 생각해야 옳지만 르상티망에 젖은 사람은 "내가 진실을 알고 있는데 주변 사람들은 그걸 몰라준다. 그러니 알고 보면 내가 진짜 성공한 사람이다" 하고 비뚤어진 생각을 한다.

그러나 "진정한 나는 보이는 나와 다르다"고 변명할수록 자아는 약해진다. 지금은 아니지만 언젠가 '진정한 나'를 내보이면 인정받을 것이라는 변명의 여지를 남기기 때문이다. 이러한 태도를 긍정하는 것도 나름의 방식이라며 합리화하는 사람도 있겠지만, 그보다는 앞을 내다보고 인정할 것은 인정하며 사는 편이 더 바람직하다. 니체는 역경에 부딪혔을 때 변명하지 않고 적극적으로 대면하는 자세를 권장했다.

무의미한 인생을 긍정하다

힘에 대한 의지를 놓고 싸우는 것 외에 삶에 어떠한 의미도 목적도 없다면 우리의 인생은 너무나도 허무해진다. 같은 일이 끊임없이 반복되는 것이 일상이다. 니체는 이 세계를 '영원회귀永遠回歸'라고 파악했다. 무의미한 반복은 인간에게 고통을 안겨준다. 니체는 이 무의미한 인생에 얼마나 의미를 부여할 수 있을지를 고민했다. 그가 생각한 의미란 지금 일어나는 일에 대해 이 순간 긍정할 수 있는가이다. 니체는 인간의 삶은 고통뿐이지만 그렇기에 더욱 인생을 긍정하자는 장대한 '운명애運命愛'의 입장을 표현했다.

만약 내 인생이 지금과 똑같은 순서로 일 초도 틀리지 않고 반복된다면 그것을 받아들일 수 있을까? 한 번이 아니라 수만 번, 아니 자신의 현재 삶을 영원히 되풀이할 수 있을까? 이렇게 자신에게 묻고 "이것이 인생인가? 그렇다면 좋아. 한 번 더!"라고 말할 수 있는 인생이 아름다운 인생이다. 아무리 괴로워도 고통이 있으므로 살아 있음을 실감할 수 있다. 마찬가지로 모든 것이 절망으로 보인다 해도 절망이 있기에 삶을 실감할 수 있으므로 이 순간을 긍정해야 하지 않을까? 니체는 그렇게 생각했다. 절대적인 가치가 존재하지 않는다는 말은 '어떻게 살아야 한다'는 당위를 신경 쓰지 않아도 된다는 말이다. 모든 것에 의미가 없다는 니체의 니힐리즘을 능동적으로 파악하면 오히려 모든 인생을 긍정적으로 다시 보게 된다.

고통을 받아들여 자신을 뛰어넘는 초인을 목표로 하자

니체는 모든 것을 받아들여 적극적으로 긍정하고 자신의 한계를 뛰

초인과 영원회귀

무의미한 인생을 긍정하며 사는 초인의 출현을 기대

어넘는 인간을 초인overman/superman이라 불렀다. 최고의 가치인 신과도 맞바꿀 수 있는 인간이 바로 초인이다. 니체는 현실의 고통을 있는 그대로 받아들이고 강인한 자신을 지키며 어떤 현실에도 등 돌리지 않고 상황을 탓하지 않으며 운명을 사랑하는 초인을 이상으로 여겼다.

괴로운 일이 생겨도 그것을 극복하는 것이 하나의 목표가 된다. 그러므로 삶의 순간마다 의미가 생겨난다. 물론 너무 심각해 극복하기 힘든 고통도 있다. 그러나 괴롭다고 해서 "아, 힘들어. 싫다 싫어."라고 계속해서 불평만 하기보다 "이 괴로움에서 가치가 생긴다"고 생각하면 기쁨을 느낄 수 있다.

니힐리즘에는 소극적(수동적) 니힐리즘과 적극적(능동적) 니힐리즘 두 종류가 있다. "아, 이제 끝이야"라며 부정적으로 생각하는 것은 소극적인 니힐리즘이다. "의미 없는 인생에 의미를 부여하자"고 생각하는 것은 적극적인 니힐리즘이다. 특히 무의미한 일이 영원히 반복되는 영원회귀를 적극적으로 받아들여 "인생이 원래 이렇지. 좋아. 한 번 더!" 하며 몇 번이고 고난에 도전하는 자세가 좋다.

니체는 부단한 자기 극복을 통해 새로운 가치를 만들고 가까운 미래에 출현할 신인류를 맞이하는 것이 삶의 의미라고 생각했다. 다른 이를 원망하지 않고 기쁨을 느끼며 어떤 고난도 뛰어넘어 세계를 아이처럼 가벼운 마음으로 볼 수 있는 이상적 인간, 그것이 초인이다. 초인을 마음속에 품고 생활하면 순간마다 의미가 생기고 삶에 생기가 돌 것이다.

행동하여 길을 여는 프래그머티즘

미국의 철학자 찰스 샌더스 퍼스Charles Sanders Peirce, 1839~1914는 프래그머티즘pragmatism의 창시자다. 프래그머티즘이란 미국에서 전개된 사상으로, 관념이나 사고보다는 행동을 중시하는 철학이다. 실용주의라고 번역기도 한다. 퍼스는 자신의 논문《우리의 관념을 명석하게 하는 방법》에서 프래그머티즘의 격률을 이렇게 말했다.

> "지적 개념의 의미를 결정하기 위해서는 그 개념의 진리에서 어떤 실제적인 귀결이 필연적으로 생기는지를 고찰해야 한다. 그렇게 이들 귀결의 총화가 그 개념의 모든 의미를 구성할 것이다."

예를 들어 딱딱한지 무거운지는 어떻게 판단할까? 어느 정도를 딱딱하다 또는 무겁다고 말할 수 있을까? 사물의 상태는 너무나 다양해서 선을 긋기가 어렵다. 이는 프래그머티즘 격률에 따르면 딱딱함이나 무거움의 본질에 구애받기 때문이다. 이럴 때 먼저 행동을 하고 그 뒤에 나타난 결과의 총합을 생각해보면 된다. 딱딱함이란 다른 물건에 긁혀도 상처가 나지 않는 것이고 무거움이란 지탱하지 않으면 떨어지는 것이다. 이런 식으로 생각하면 확인할 수 없는 것 때문에 골머리를 썩이는 수고를 덜 수 있다. 퍼스는 "생각은 의문에서 생기고 신념에서 멈춘다. 그러므로 굳은 신념을 갖는 것이 생각의 유일한 기능이다."라고 말했다. 다양한 행동을 하고 그러다 의문이 멈추면 신념이 생겨나는 것이다.

프래그머티즘

골치 아프게 생각만 하지 말고 행동을 하면 진실을 알 수 있다

먼저 행동하라, 유익하다면 그것이 진리다

한편 윌리엄 제임스William James, 1842~1910년는 퍼스의 프래그머티즘을 독자적으로 해석했다. 제임스는 심리적인 작용도 실제 효과에 포함된다고 보았다. 근대의 철학에서는 다른 세계에 이미 옳음의 기준이 정해져 있다고 생각했지만 프래그머티즘 철학에서는 실제로 행동해봐서 유익하다면 그것이 진리라고 했다.

예를 들어 회사나 학교는 원래 즐거운 곳도 괴로운 곳도 아니다. 즐겁다고 생각할 것인지 괴롭다고 생각할 것인지는 오로지 우리의 신념에 달려 있다. 내가 '회사는 즐겁다'고 생각하면 회사는 정말 즐거운 곳이 되고 '회사는 괴롭다'고 생각하면 회사는 정말 괴로운 곳이 된다. 내가 세계의 존재 방식을 창조하는 것이다. 따라서 내가 '회사는 즐거워. 오늘도 열심히!', '학교는 재미있어. 좋은 일이 생길지도 몰라!'라고 강한 신념을 지니면 그것이 진리가 된다.

어떤 면에서 제임스의 프래그머티즘은 깊은 고민 없이 진리를 말하는 철학처럼 보이기도 한다. 제임스에 따르면 슬퍼서 우는 것이 아니라 울기 때문에 슬퍼진다. 한번 터진 울음을 멈출 수 없게 되는 것은 어쩌면 울음이 슬픔을 불러오기 때문인지도 모른다. 심지어 제임스는 산에 오르다 벼랑 끝에 이르러 절망한 채 떨어져 내릴 때와 '살아남을 수 있다!'라고 희망을 믿으며 떨어질 때의 결과가 다르다고 주장할 정도였다.

철학은 문제 해결 법칙이다!

존 듀이[John Dewey, 1859~1952년]는 퍼스와 제임스 그리고 《종의 기원》을 쓴 찰스 다윈[Charles Robert Darwin, 1809~1882년]의 영향을 받아 프래그머티즘을 완성해갔다. 듀이는 생각이 곧 환경을 제어하는 도구라고 말하며 이를 도구주의라 이름 붙였다. 그는 생각을 "의문에서 신념으로 가려는 노력"이라 보고 퍼스의 입장을 바탕으로 반성적 사고를 다섯 가지 단계로 나누어 제시했다.

1. 의문이 생겨난 문제 상황
2. 문제의 설정
3. 문제를 해결하기 위한 가설 제시
4. 추론에 의한 가설 재구성
5. 실험과 관찰에 의한 가설 검증

생각이란 이렇게 인간이 문제 상황을 파악하고 해결하는 탐구과정에 사용하는 도구다. 근대부터 현대까지 '진리란 무엇인가?'를 추구하던 철학은 이때부터 방향을 바꾸어 '무엇을 진리라 부를 것인가?' 하는 내면적 접근으로 바뀌었다. 프래그머티즘의 등장으로 철학은 마침내 문제 해결의 법칙이 된 것이다.

정해진 논리가 가치관을 억누르지 않는가?

판단에는 사실판단과 가치판단이 있다. 사실판단은 말 그대로 '어떤 일이 사실이다.'라는 판단이고, 가치판단은 '어떤 일은 사실이어야 한다'는 판단이다. 예를 들어 '어떤 사람이 담배를 피운다'는 것이 사실판단이라면 '어떤 사람은 담배를 피우면 안 된다'는 가치판단이다.

우리는 흔히 가치판단이 먼저고 사실판단이 뒤를 따른다고 생각한다. 예를 들어 '지하철 안에서는 통화하면 안 된다'는 가치판단을 바탕으로 실제로 지하철에서는 전화하지 않는다. 그런데 프래그머티즘에서는 이와 반대로 사실판단이 먼저고 거기서 가치판단이 나온다고 생각한다.

이를 설명하기 위해서는 먼저 '바라는 것'과 '바람직한 것'을 분명히 구분해야 한다. '누군가가 지하철 안에서 휴대전화를 걸기를 바란다'고 할 때 이는 사실에 관한 보고이므로 사실판단이라 할 수 있다. '누군가가 전화를 하고 싶다'는 있는 그대로의 판단이다.

그러나 '지하철 안에서 휴대전화를 거는 것은 바람직하다.' 또는 '바람직하지 않다.'라고 하면 이것은 가치판단이 된다. 그렇다면 이 가치판단이 옳은지 그른지는 어떻게 결정할 수 있을까?

과거의 철학에서는 주로 "양심에 어긋나서 나쁘다", "영혼이 상처를 받기 때문에 나쁘다"고 주장해왔다. 칸트의 정언명령을 따른다면 "지하철에서 휴대전화를 쓰지 마라"라는 목소리가 들리는 듯할 것이다. 그러나 프래그머티즘에서 보면 이는 단순한 가치판단에 지나지 않는다. "바람직하기 때문에 옳다." 또는 "바람직하지 않기 때문에 그르다"는 말은 곧 "안 되니까 안 된다"는 말과 다를 바가 없다.

　누군가에게 꾸중이나 잔소리를 들을 때 우리는 "그것은 나쁜 일이니까 하면 안 돼"라는 말을 듣는다. 학교에서 "모두와 사이좋게 지내자." 또는 "열심히 공부하자."라고 가르치는 것은 그것이 절대적으로 옳다는 암묵적인 전제에서 나온 것이다. 그러나 얼핏 옳은 것처럼 보이는 가치판단을 절대적인 기준으로 삼으면 개인의 가치관이 통제당할 수도 있다. 사치하면 안 된다, 검소하게 살아라, 술을 마시지 마라, 담배를 피우지 마라, 게임을 할 시간에 공부해라 등은 왜 그렇게 해야 하는가를 밝힌 진리가 이미 다른 세계에 정해져 있기 때문에 가치판단도 이미 결정된 것이 된다. 더는 옳고 그름을 파고들 수 없는 강제력이 작용한다. 그러나 정해진 논리가 반드시 옳은 것은 아니다.

지하철 안에서 휴대전화를 쓰면 정말 안 될까?

　프래그머티즘에서는 가치판단을 정하지 않은 채 행동을 통한 효과를 먼저 확인한다. 누군가가 '지하철 안에서 휴대전화를 쓰고 싶어 한다.'라는 사실판단을 바탕으로 누군가가 '지하철 안에서 휴대전화를 쓰는 것은 바람직하다(또는 바람직하지 않다).'라는 가치판단을 구성하기 위해서는 사실에 근거한 데이터들을 모아야 한다.

　데이터를 바탕으로 사실판단이 확립된 뒤에야 바람직한 것과 그렇지 않은 것을 나누는 가치판단이 가능해진다. 누군가는 지하철 안에서 휴

사실판단과 가치판단

지하철 안에서 휴대전화를 쓰면 안 된다는 것은
사실판단일까, 가치판단일까?

대전화를 쓰기를 바라고 그 행동의 결과로 만족감을 얻을 수 있다. 그러나 큰 소리로 통화를 해 주변 사람에게 불쾌감을 주거나 심장박동조절장치를 달고 있는 사람에게 전자파로 인한 피해를 준다면 그것은 문제가 된다. 데이터를 통해 이러한 사실들을 확인할 때 '바라는 일'과 '바람직한 일'을 헷갈려서는 안 된다.

그러나 만약 지하철에 자신 외에 아무도 타고 있지 않다면 어떨까? 피해를 볼 사람이 아무도 없는 상황에서도 '지하철 안에서 휴대전화를 쓰면 안 된다'는 암묵적인 규제를 따라야 한다면 이상하지 않은가?

그러므로 지하철 안에서 통화하지 말라는 가치판단이 존재하는 것이 아니라 상황에 따라 결정하는 사실판단이 있을 뿐이다. 그러나 많은 사람이 가치판단이 사실판단에서 나온다는 사실을 잊고 '그 자체로 선하다.' 또는 '그 자체로 악하다'는 가치판단을 우선시하는 경향이 있다. '어쨌든 TV는 바람직하지 않다'든지 '어쨌든 만화는 좋지 않다.' 등 특별한 이유도 없이 '나쁘니까 나쁘다.'라는 가치판단을 우선시하는 것이다. 타당한 이유 없이 옳음을 강요하는 주장은 납득하기 어렵다. 프래그머티즘의 발상에 따라 자신이 믿고 있던 것을 재검토하면 더욱 실천적인 사고를 할 수 있다.

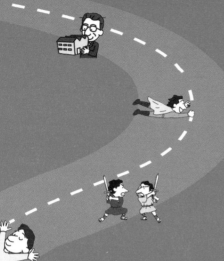

Chapter **08**

어려운 인간관계,
어떻게 받아들여야 할까?

_ 실존과 본질

다른 사람과 있으면 긴장이 된다.
왜 혼자 있으면 외로운데
같이 있으면 괴로울까?

다른 누구도 아닌
나에 대해
생각하는 철학

?

누구나 다른 사람을 만날 때 어느 정도 긴장을 한다. 혼자 있을 때는 그렇지 않은데 왜 다른 사람과 있을 때에는 마음가짐이 달라질까? 그 이유는 다른 사람도 나와 마찬가지로 타인과 세상을 의식하며 사는 존재이기 때문이다. 그렇다면 의식하는 존재와 함께 있으면 왜 신경이 쓰일까? 자신의 마음에 물어보는 편이 가장 좋을지도 모른다.

현대철학은 니체의 니힐리즘에서 시작됐다. 그 뒤로 신을 비롯한 절대적 진실(어딘가에 있는 신정한 것)은 이미 손대면 안 되는 것으로 여겨져 다른 방향에서 접근해야 했다. 이로써 인간을 내면부터 탐구하는 새로운 실존주의 철학이 생겨났다. 프랑스의 철학자 장 폴 사르트르Jean Paul Sartre, 1905~1980년는 새로운 철학을 두 종류로 분류했다. 무신론적 실존주의와 유신론적 실존주의다. 무신론적 실존주의는 니체, 하이데거, 사르트르가 주장한 철학이다. 유신론적 실존주의는 키에르케고르Kierkegaard, Soören Aabye, 1813~1855년, 야스퍼스 등이 주장했다.

신은 죽었다고 했는데 유신론적 실존주의를 주장하다니 앞뒤가 맞지 않는다고 생각할지 모르지만, 유신론적 실존주의에서는 "자신의 내면에서 파악되는 것이 진실이다."라는 새로운 접근법을 사용했으므로 이것은 이것대로 성립한다.

눈앞에 보이는 빨간 딸기는 어쩌면 실제로는 존재하지 않는지도 모른다. 그러나 적어도 내 마음속에 빨간 딸기가 뚜렷이 인식되었다는 사실은 절대적 진실이다. 내 마음은 눈앞의 딸기가 까맣게 썩은 것도, 파랗게 덜 익은 것도 아닌 잘 익은 빨간 딸기라고 인식한 것이다.

독일의 철학자 카를 야스퍼스Karl Jaspers, 1883~1969년는 인간이 논리적 원리나 법칙을 초월하는 존재라고 했다. 게다가 다른 누구로도 대신할 수 없는 '나'가 있다고 믿었다. 누구에게나 자신만의 체험이 있고 '지금을 사는 다른 누구도 아닌 나'가 존재한다. 이를 실존이라고 한다.

사람은 일정한 상황 안에서 살아가지만 거기에는 죽음, 고뇌, 투쟁, 죄와 벌이라는 피할 수 없는 한계상황이 있다. 야스퍼스는 인간이 한계상황에 직면함으로써 자신의 한계를 넘는 거대한 존재에 대해 이성적으로 생각하고, 초월자(철학에서 말하는 신)의 존재도 알게 된다고 했다.

사람은 누구나 빼앗으며 산다

실존주의를 주장한 야스퍼스는 싸움도 한계상황 중 하나라고 생각했다. 사람은 생존한다는 사실만으로도 이미 다른 사람에게 무언가를 뺏은 것이 된다. 거꾸로 다른 사람도 나에게서 무언가를 빼앗는다. 예를 들어 내가 회사에서 승진했다는 사실은 누군가가 그 자리에 오르지 못하고 배제되었음을 뜻한다. 또는 다른 사람이 내 자리를 빼앗는 경우도 있다.

골인 지점을 둘러싸고 승자와 패자가 나뉘는 것이 세상 이치고, 끊임없이 다투는 장이 인생이다. 물론 서로 도우며 살기도 하지만 세상에는 근본적으로 싸움이 존재하고 승리한 자가 많은 것을 갖게 되어 있다.

예를 들어 난파선에서 두 사람이 바다로 떠내려갔다. 그때 바다에 통나무 하나가 떠올랐는데 하필 한 사람만 의지할 만큼 작은 통나무다. 이런 경우 둘 중 한 가지를 선택해야 한다. 통나무에 두 사람이 매달려 모두 죽거나 아니면 싸움 끝에 한 사람이 다른 사람을 바다에 빠뜨리거나. 어느 쪽이든 생존자는 한 사람뿐이다.

이는 극단적인 예지만 삶에는 근본적으로 냉혹한 생존경쟁이 깔려 있다. 편의점 앞에 다른 편의점이 개업하는 것도 투쟁이다. 둘 중 한 편의점은 경쟁 끝에 언제 문을 닫을지 모른다. 편의점뿐 아니라 카페, 은행, 호텔 등 알고 보면 일상의 장이 투쟁의 한가운데에 있는 셈이다. 프로레슬링이나 복싱처럼 싸우는 모습이 구체적으로 보이지 않을 뿐 엎치락뒤치락하는 투쟁은 끊임없이 이어진다.

야스퍼스의 한계상황

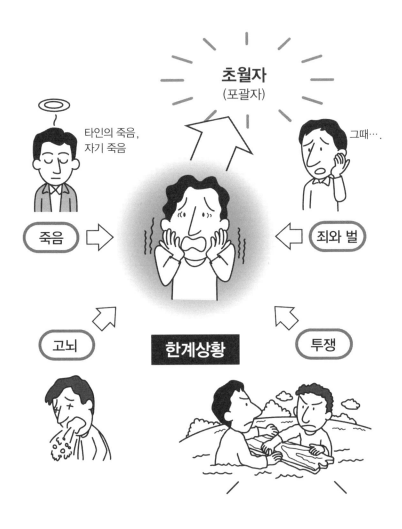

인간은 한계상황을 통해 초월자에게 다가간다

인간은 이 싸움에서 도망칠 수 없다. 싸움에 지면 불행해지지만 이긴다 해도 최후에는 고독이 기다리고 있다. 이렇게 도망칠 수 없는 인간의 숙명을 한계상황이라 부른다.

사람과 사람이 만나는 기적

야스퍼스는 인간은 결코 대상화될 수 없는 존재라고 했다. 다른 이에게 생각이나 행위를 미치지 못하고 받기만 하는 존재로 보는 것을 대상화라고 한다. 인간은 물리학이나 생물학만으로 설명될 수 없는 존재다. 과학으로는 동물로서의 인간밖에 설명하지 못한다. 마음도 마찬가지다. 심리학만으로 설명할 수 없다. 아무리 자신의 마음을 심리학으로 설명하려 해도 그것은 다른 사람의 해석일 뿐 자신의 마음은 아니다. 지금을 살고 있는 다른 누구도 아닌 나만이 이해할 수 있는 경험이 있다. 같은 풍경이라도 나와 내 옆 사람이 보는 풍경은 다르다. 인간은 '닫힌 상자' 같은 존재다.

그럼에도 사람은 혼자 살 수 없다. 사람은 다른 사람을 만남으로써 시야가 넓어진다. 사람과 사람이 만나면 관계가 생긴다. 사람과 사람의 관계에는 리허설도 없고 타임머신을 타고 가 되돌릴 수도 없다. 어떤 상황이든 꼭 한 번만 경험할 수 있다. 사람과 사람의 관계는 그 한 번뿐인 순간에 있다. 그런데 사람마다 관계에 대한 생각도, 관계를 대하는 방법도 다르므로 때로는 관계가 엇갈리기도 한다. 그러다 보면 관계 맺기를 거부하며 혼자 지내고 싶은 마음이 들 수도 있지만 이럴 때는 인내심을 발휘해야 한다. 맑은 마음으로 존재에 공통된 진실을 추구해야 한다.

야스퍼스에 따르면 인간이 서로 이해하기 위해서는 이성의 힘이 필요하다. 인간은 독선으로 자기 생각 안에 갇힐 수 있는데 이성의 힘이 그 한계를 자각시켜준다. 그리고 더 높은 자각으로 이끌어주기도 한다. 이성이 있기 때문에 사람과 사람이 서로 고립시키지 않고 관계를 맺으며 공동의 이해를 추구할 수 있다. 혼자만의 생각에 갇혀서는 결코 이성이 작용하지 못하고 진리에도 다가가지 못한다. 야스퍼스는 "진리는 두 사람 사이에서 시작된다"고 말했다.

존재의 비밀을 탐구하다

사르트르는 독일의 마르틴 하이데거Martin Heidegger, 1889~1976년를 무신론적 실존주의자로 분류했지만 막상 하이데거는 자신이 실존주의자라고 생각하지 않았다.

하이데거는 기존의 근대적 세계관을 버리고 자신을 기점으로 존재를 재음미했다. 이것이 존재론이다. 살아 있는 우리가 죽음을 마주하며 어떻게 살아야 하는지에 대한 지침을 주는 철학이기도 하다. 하이데거는 이렇게 말했다.

"수많은 존재 중 하나인 인간만이 존재의 목소리가 말하는
'존재자가 존재한다'는 경이 중의 경이를 체험한다."

《형이상학이란 무엇인가》

생각해보면 세계가 존재한다는 사실은 무척 신기한 일이다. 아무것도 없는 쪽이 자연스러운데 세계는 왜 존재하고 심지어 변하기까지 할까? 아무것도 없으면 갈등이나 문제도 없을 텐데 굳이 무언가가 존재하는 이유는 무엇일까? 대체 존재란 무엇일까? '있음'이란 무엇일까? 이를 아무리 설명하려 해도 "있음은 있기로 정해져 있는 것이다."라고 밖에 설명할 수 없다.

하이데거는 그의 저서 《존재와 시간》에서 '있음^{Sein}'이 무엇인지 설명하려 했다. '컵이 있다', '펜이 있다'처럼 '있음'을 설명하는 것은 철학에서도 무척 어려운 문제다. 하이데거는 존재자와 존재를 구별했다(존재론적 차이). '존재하는 것(존재자)'과 '존재한다는 것(존재)'은 다르다. 컵을 예로 들면 '컵(존재자)'과 '컵이 존재한다(존재)'는 것은 다르다. 존재는 모든 존재자에 공통하는 것이지만 그것을 보거나 만질 수는 없다. 존재는 하나의 기능이다. 그리고 존재의 장이 되는 것이 존재자, 곧 인간이다. 하이데거는 이른바 존재가 기능하는 장으로서의 인간을 '현존재^{Dasein}'라고 불렀다.

하이데거의 존재론

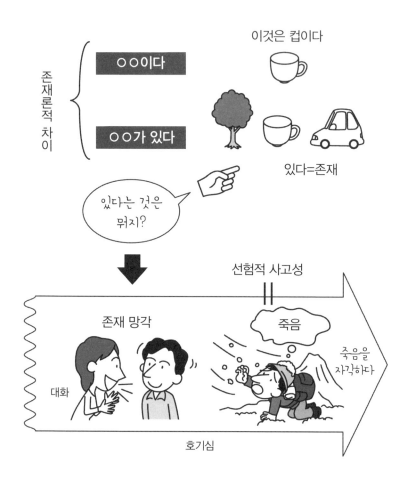

존재는 시간성이다

죽음을 자각하는 것으로 미래의 자신을 되찾을 수 있다

죽음을 자각하는 것으로 미래의 자신을 되찾을 수 있다

현존재(인간)가 존재를 어떻게 파악하는지를 알면 존재의 비밀을 알 수 있다. 이 존재의 탐구는 니체가 말한 '신의 죽음'에 의해 무의미해진 인생에 새로운 의미를 불어넣어 준다. 세상에 존재로 묶이지 않는 것은 없으므로 존재에 대해 생각하면 다양한 것들을 알 수 있다(존재는 모든 것에 공통되어 있다).

죽음을 자각함으로써 자신을 되찾는다

우리는 매일 자신이 어떻게 보이는지, 남들은 어떻게 하는지 주변을 신경 쓰며 산다. 연예인의 가십을 떠들며 시간을 낭비하기도 한다. 이럴 때 우리의 호기심은 그 작은 부분에 관해서만 무한히 뻗어 나가느라 '나'라는 존재에 대해서는 제대로 성찰하지 못한다. 그렇게 사소한 문제들에 집착하기보다는 존재라는 거대한 신비와 죽음의 가능성에 집중해야 '나'라는 존재를 제대로 파악할 수 있다.

하이데거는 현존재(인간)는 자신보다 앞선 곳에는 어떠한 가능성도 없는 궁극의 가능성을 갖고 있다고 말한다. 현존재(인간)에게 자기 죽음은 누구도 대신해줄 수 없다. 죽음은 확실하고, 미리 체험할 수 없으며 (마지막이므로), 언제 올지 모르는 가능성이다. 하이데거는 '나에 앞선' 가능성을 자각하는 태도를 '선구적 각오성先驅的覺悟性'이라고 불렀다. 삶과 죽음은 동전의 양면이다. 우리는 눈앞에 일어나는 일에만 몰두할 것이 아니라 죽음을 인식하며 삶으로써 자신을 되찾을 수 있다.

자유로우므로 불안하다

사르트르는 어떤 사물이 존재하는 경우 그 본질은 사물이 존재하기 전부터 이미 정해져 있다고 보았다. 예를 들어 칼은 그것이 존재하기 전에 이미 물건을 자르는 도구로서의 목적을 부여받아 만들어진 것이다. 이 경우에는 본질이 실존에 앞선다고 말할 수 있다. 그러나 인간은 칼처럼 본질을 부여받아 태어난 존재가 아니다. 먼저 존재하고 그 뒤에 정의 내려진다. 실존이 본질에 앞서는 것이다. 사르트르에 따르면 인간은 처음에는 아무것도 아니다가 나중에서야 비로소 무엇이 되며, 그래서 스스로 창조해나가는 것이라 여겼다. 신에게 본질을 부여받은 것이 아니라 스스로 창조해가므로 모든 것은 인간의 자유로운 창조에 따른 것이다(이것이 무신론적 실존주의다).

사르트르는 "인간은 현기증이 날 만큼 자유롭다"고 말했다. 자유롭다는 것은 그만큼 책임을 져야 한다는 말이다. "앞으로 도박에는 손도 대지 않겠어."라고 맹세한 사람이 스스로 맹세를 깨는 경우가 자주 있다. 그 맹세는 틀림없이 그가 한 것이지만 다시 도박에 빠짐으로써 맹세는 이미 그의 것이 아니게 된다. 그가 자신으로 그대로 존재하기 위해서는 다시 맹세해야 한다. 인간이 자유롭다는 것은 무엇에도 의탁하지 않고 자신의 세계에 의미를 부여한다는 것이다. 또 어떤 탈출구도 허용하

사르트르의 실존주의

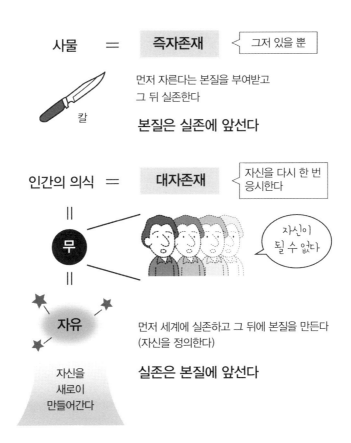

사물 = 즉자존재 | 그저 있을 뿐

먼저 자른다는 본질을 부여받고
그 뒤 실존한다

본질은 실존에 앞선다

칼

인간의 의식 = 대자존재 | 자신을 다시 한 번 응시한다

무

자신이 될 수 없다

자유

먼저 세계에 실존하고 그 뒤에 본질을 만든다
(자신을 정의한다)

실존은 본질에 앞선다

자신을
새로이
만들어간다

인간은 현기증이 날 만큼 자유롭지만
자유라는 형벌을 받고 있다

지 않고 자신을 속이는 모든 일에 전적으로 책임을 져야 한다. 자유롭기 때문에 자신을 속이는 모든 것에 대해 책임을 져야 하고 이것이 오히려 무거운 짐이 된다. 자유롭기 때문에 불안하다. 사르트르는 "인간은 자유라는 형벌을 받고 있다"라고 표현했다.

타인의 시선을 느끼면 왜 긴장할까?

누구라도 타인의 시선을 받으면 긴장한다. 사르트르는 나를 바라보고 내게 시선을 집중하는 타인이 마치 나의 비밀을 모조리 알고 있는 사람처럼 느껴지기 때문이라고 생각했다. 나는 자유로운 의식을 지닌 존재지만 내게 시선을 던진 타자도 나처럼 자유로운 의식을 지닌 존재라는 사실을 알고 있다. 타자의 시선에 노출되고 뜻밖에 몸이 굳어지는 이유는 이 때문이다. 사르트르는 "타자는 나를 송두리째 그대로 얼려버리는 적이다."라고 표현했다.

우리는 의식을 가진 '대자존재對自存在'라 불린다. 이에 비해 컵이나 의자 같은 물건은 의식이 없는 '즉자존재卽自存在'라 불린다. 타인의 시선을 받으면 나는 자유로운 대자존재로서의 나를 잃는 대신 사물과 같은 즉자존재로 전락한다. 상대가 나를 대상으로 바라보기 때문에 수동적인 느낌에 사로잡힌다. 타자로부터 시선을 받을 때의 긴장감은 자신이 대상화되었다는 것에 대한 불안이다. 집안에 틀어박혀서 다른 사람을 만나지 않으려는 사람은 자신이 타인으로부터 대상화되는 것이 싫기 때문인지도 모른다.

　세상 밖으로 한걸음 나가면 많은 사람이 대자존재로서 자신을 바라보고 자신은 즉자존재로서 대상=물건이 된듯한 느낌이 들어 몸이 굳는다. 상대방에 의해 자신이 대상화되는 듯한 관계는 누구나 피하고 싶을 것이다.

자신을 어필하기 위해 다투는 인간관계는 피할 수 없다

　타인의 시선이 신경 쓰이는 것은 누구나 마찬가지다. 그렇다면 타인의 시선을 받아도 그 시선에 지배당하지 않는 사람은 어떤가? 그는 어떻게 시선에서 벗어날 수 있을까? 사르트르는 상대에게 시선을 되돌려주는 것이 방법이라고 말한다. 자신도 의식이 있는 존재(대자존재)라고 필사적으로 저항하는 것과 같다. 타인의 시선에 '즉자존재=물건'이 된 듯한 나는 시선을 돌려줌으로써 대자존재가 되고 상대를 즉자존재로 만드는 것이다. 사르트르는 인간관계는 이렇게 끊임없이 서로 시선을 주고받는 '상극相剋'의 상태라고 생각했다.

　인간관계는 자기 어필의 연속이다. 자신을 시선을 받기만 하는 존재로 전락시키거나 타인에게 시선을 던지는 것을 두려워한다면 관계는 성립되지 않는다. 살아 있는 한 사람은 상극에서 벗어날 수 없다. 인간의 행위는 타자의 음미와 비판의 대상이 된다. 곧 시선에 노출되는 것이다. 우리는 타인의 시선을 받고 자신의 행위를 되돌려주며 산다.

왜 늘 같은 모습으로 있을 수 없을까?

앞서 "지금부터는 도박은 절대 하지 않겠어."라고 맹세한 사람이 맹세를 깨게 되는 이야기를 했다. 그는 과거의 맹세가 무력해진 현실에 부딪혔다. "도박하지 않겠다!"라는 맹세는 틀림없이 그가 한 것이지만 다시 도박에 빠진 자신을 발견한 순간, 맹세했던 마음은 이미 자신의 것이 아니라는 사실을 자각한다.

자신이 도박하지 않는다는 사실을 지켜나가기 위해서는 도박을 하지 않겠다는 맹세를 다시 해야 한다. 이것은 우리가 시간이 지나도 같은 자아를 유지하고 있다고 생각하지만, 사실은 과거의 나는 지금의 나가 아니라는 증거인지도 모른다. 왜 나는 같은 나로 존재할 수 없는 것일까?

사르트르는 그 이유를 '나(자아)'가 존재하지 않기 때문이라고 생각했다. 자아의 존재는 데카르트 이후의 근대철학에서 가장 확실한 것으로 여겨져왔지만, 사르트르는 의식에는 다양한 대상이 있고 자아는 또 하나의 대상에 지나지 않는다고 주장했다.

사르트르에 따르면 자아는 '반성작용'의 산물이다. 반성이란 주의, 감각, 사고 등 의식의 작용을 자신의 내면으로 향하게 하는 것이다. 예를 들어 어떤 사람이 벌에게 쏘였다고 하자. 그때 그 사람의 의식은 오로지 벌을 향하고 있어서 벌에게서 도망가려는 의식만 있을 뿐 나에 대한 의식은 없다. 벌이 시야에서 사라진 후 방금 일어난 일을 돌이켜볼 때(반성할 때)에 비로소 '벌에게서 도망친다'는 자아의 현상이 드러나는 것이다. 의식은 형태가 없지만 외부의 존재를 지향함으로써 존재를 계속 유지할 수 있다.

　이런 식으로 의식은 점점 변화해가고 자신은 늘 같은 자신으로 있을 수 없다. 사르트르는 인간은 늘 과거를 극복하는 존재라고 생각했다. 우리는 늘 신상품이다.

Chapter 09

내 생각으로 사회가
달라질 수 있을까?

_ 철학과 사회

쓰레기 분리수거를 하려고 쓰레기통 앞에 섰다.
철저히 해야 할까?
대충 해도 될까?

쓰레기 분리수거를 둘러싸고 도덕철학과 공리주의가 격돌!

?

　매일 무의식중에 도덕적 명령을 받아들여야 할까, 적당히 지나쳐도 될까. 이런 문제는 각자의 성격에 따라서도 다르게 나타난다. 예를 들어 편의점에서 튜브형 젤리 음료를 마신 후 쓰레기통에 버리려고 했더니 쓰레기통 입구에 페트병, 캔, 병 등만 적혀 있어 어디에 버려야 할지 난감해졌다. 적어도 캔이나 병은 아니니 페트병 쪽에 버리면 될지, 아니면 옆에 있는 '가연성 쓰레기' 쪽에 버려야 좋을지 알 수 없어 당혹스럽다.

　이 경우 만약 "쓰레기를 늘 정확하게 분리수거하라."라는 칸트의 정언명령이 마음속에 울린다면 그 사람은 쓰레기를 들고 편의점을 나와 '비가연성 쓰레기'라고 적힌 쓰레기통을 찾을 것이다. 한편 벤담의 생각법에서는 "옳음이란 효용을 최대화하는 것"을 의미한다. 여기서의 효용이란 고통보다는 쾌락을 증대하는 것이다. 그러므로 쓰레기를 버리는 동기보다는 결과적으로 사회 전체에 얼마나 쾌락 또는 고통이 미칠 것인가를 먼저 계산하게 된다. 이 귀결주의에 따르면, 젤리 음료의 튜브를 어느 쓰레기통에 버릴까 하는 문제는 내면적인 도덕 명령을 기준으로 할 필요가 없다. 되도록 많은 사람이 행복해지면 되므로 우선 페트병이나 캔, 병 쪽 아무 곳에나 버리면 된다. 이 행동이 불합리한 것으로 판명되면 비가연성 쓰레기통이 생길 것이기 때문이다.

또 다른 경우도 생각해볼 수 있다. 마침 쓰레기를 버리려던 찰나에 회사에서 급한 전화가 와서 쓰레기통까지 갈 수 없는 상황이 되었다. 그렇다면 분리수거는 보류해야 할지도 모른다. 쓰레기 분리수거에 너무 집착한 나머지 회사 일에 불이익이 가면 최대다수의 최대행복이라는 효용에 어긋나기 때문이다. 칸트의 생각대로 비가연성 쓰레기를 집으로 가지고 돌아가거나, 벤담의 생각대로 임기응변으로 대응하는 것 중 어느 것이 옳은지는 논란의 여지가 있다.

이번에는 조금 다른 상황을 생각해보자. 당신이 캔커피를 마신 뒤 버리려고 했는데 쓰레기통 입구가 종이컵으로 틀어 막혀 있다. 이 종이컵을 버린 사람의 마음에는 칸트의 정언명령도 울리지 않고 벤담의 공리주의도 떠오르지 않았을 것이다. 정언명령이라면 쓰레기 분리수거를 철저히 해야 하고, 공리주의라면 다음 사람이 버릴 수 없게 되므로 많은 사람에게 피해가 갈 것이 예측됐을 테니 말이다.

이러한 상황에서 더러운 종이컵을 집어 바닥에 내려두고 뒷사람이 커피 캔을 버릴 수 있도록 배려하면 좋겠지만 '굳이 내가 그래야 하나?'라는 의문이 들지도 모른다. 내가 종이컵을 쑤셔 넣은 것도 아닌데 왜 내가 책임을 져야 하나? 차라리 내가 다 마신 빈 캔을 쓰레기통 옆에 놓으면 되지 않나? 이렇게 생각하다 보면 결국 쓰레기도 버릴 수 없고 보기에도 좋지 않은 상황이 된다. 정의도 선도 달성할 수 없는 상황이다.

데스노트는 써도 될까?

사신의 노트인 데스노트를 둘러싼 천재 명탐정의 두뇌 싸움을 다룬 《데스노트》라는 만화가 있다. 데스노트란 그 안에 이름이 적힌 인간을 죽게 만들 수 있는 노트인데, 만약 어떤 사람이 실제로 데스노트를 손에 넣었다고 하자. 그리고 만화 주인공처럼 사회에 해악을 끼친다고 생각되는 인물을 닥치는 대로 노트에 적어 말살시킨다고 해보자. 이는 칸트의 입장에서 보면 절대 용납할 수 없는 행위다. "살인하지 말라"는 정언명령이 마음에 울릴 것이기 때문이다.

그러나 데스노트에 흉악살인범의 이름을 적으면 광적인 살기를 막아 죄 없는 사람들을 구할 수 있는데도 데스노트가 옳지 않다는 이유로 많은 사람이 목숨을 잃게 둔다면 어떨까? 그래도 괜찮을까? 또는 폭력으로부터 가족을 구하기 위해 살인을 저지를 수밖에 없는 경우는 어떨까?

칸트는 살인은 절대 허용되지 않는다는 동기적 측면을 강조했다. 그러나 공리주의는 결과를 중시하므로 만약 데스노트에 흉악살인범의 이름을 쓴 결과 서른 명의 죄 없는 사람을 구할 수 있다면 계속 이름을 쓰는 것이 허용된다. 데스노트는 허구이지만 살인은 언제 어떤 상황에서도 허용되지 않는가 아니면 예외도 있는가 하는 논의를 불러일으킨다.

가까운 고민에 답하기 위한 정치철학

이런 일상의 문제들은 큰 철학적 문제와 연결되어 있다. 일상의 문제로 고민하는 사람들이 모인 것이 국가이기 때문이다. 작은 모임에서조차 갈등이 생기는 마당에 국가 차원에서는 훨씬 다양한 갈등이 생길 수밖에 없다. 그리고 지구 차원의 문제가 되면 문제는 더 커진다. 가족, 지구사회, 기업과 노동자, 복지, 생명윤리, 환경문제, 전쟁, 화재 등 모든 문제가 철학과 관련이 있다. 이것들을 철학 원리에서 생각해 정치에 활용하는 것이 정치철학이다.

정치철학은 플라톤이나 아리스토텔레스 시대부터 중요한 과제들을 다루었지만 대중적으로 인기를 누리지는 못했다. 그런데 미국에서 1980년부터 정치철학자 롤스의 《정의론》을 중심으로 정치철학에 대한 논의가 전개됐고, 리먼 브러더스 쇼크 이후 빈부격차 문제가 촉발되면서 더욱 많은 사람이 정치철학에 주목하게 되었다. 이 정치철학의 논의를 자유주의liberalism와 공동체주의communitarianis 두 가지로 나눌 수 있다.

국가는 사회에 쓸데없이 개입하면 안 된다?

자유주의는 시대에 따라 의미가 바뀌어왔다. 영국의 경험론자 로크는 고전적 자유주의자다. 로크는 생명, 자유, 재산 등 자연권에 관계된 모든 권리를 권력으로부터 지켜내야 한다고 주장했다(138쪽 참고). 이러한 정신은 19세기 밀의 사상으로 이어졌다.

그런가 하면 밀은 자신에게만 관련이 있고 타인에게 해를 주지 않는다면 사회가 간섭하지 말아야 한다고 했다. 이성적이지 않은 어리석은 행위라 해도 스스로 최선이라고 생각한다면 선택할 자유가 있고 타인에게는 충고할 자유가 있다고 보는 것이다(152쪽 참고).

> "사회의 책임을 피할 수 없는 유일한 부분은 타인과 관련된 부분뿐이다. 단순히 자신과만 관련된 부분이라면 그것은 독립적이고 절대적이다."
>
> 《자유론》

사회진화론을 주장한 영국의 허버트 스펜서Herbert Spencer, 1820~1903는 "모든 인간은 타인의 자유를 침해하지 않는 한 바라는 모든 것을 행할 자유가 있다"고 말해 평등한 자유야말로 정의라고 했다. 스펜서는 사회 차제가 생명을 가진 하나의 유기체라고 보는 '사회유기체설'을 주장했다. 그가 말한 바로는 인간 사회도 생명을 위해 균형을 유지하고 진화하며 자연을 따라야 한다. 따라서 국가는 사회에 쓸데없는 개입을 하면 안 된다고 여겼다.

국가가 산업을 규제하거나 빈민을 구제하는 것은 사회 진화에 방해
가 된다고 주장했다. 그는 고전적인 자유주의를 사회진화론(다윈의 진화
론을 적용해 사회도 고차원을 향해 진화한다는 이론)으로 보강했고, 이 사상
은 훗날 미국에 받아들여져 자유지상주의로 연결된다.

혜택받은 사람은 불우한 사람에게 돈을 나누어주어야 한다?

미국의 정치학자 롤스는 공리주의를 비판했다. 공리주의가 말하는 최
대다수의 최대행복은 개인 간의 차이를 소홀히 여길 뿐 아니라 분배의
원리가 없다는 것이다. 롤스는 소수파가 희생당하는 공리주의의 문제
점을 지적하며 이를 극복하기 위해 사회계약설의 전통으로 돌아가자고
주장했다. 롤스는《정의론》에서 정의를 생각하기 위해서는 원시 상태로
돌아가 사람들이 어떤 원리에 동의하는가를 먼저 생각해야 한다고 했
다. 롤스에 따르면 공동체의 원리를 선택할 때 사람들의 의견은 대개 일
치하지 않는다. 부유층이나 빈곤층, 인종, 민족, 종교의 차이, 이해관계
나 사회적 지위 등 저마다 입장이 다르기 때문에 공동의 원리를 결정하
는 것은 불가능하다. 그는 이렇게 말했다.

" 정의의 모든 원리는 무지의 베일 뒤에서 선택된다."

《정의론》

롤스는 원시 상태에서는 이성에 기초한 공정한 합의나 교섭이 정의가 된다고 생각했다. 이른바 무지의 베일을 쓴 원시 상태에서는 자신이 속한 계급, 인종, 민족, 학력, 가족관계 등을 전혀 알 수 없게 된다. 그러면 누구나 평등주의를 선택하게 된다는 것이다.

예를 들어 베일이 씌워진 상태에서는 자신이 록펠러처럼 부유한지 아니면 집도 없는 홈리스인지를 모른다. 그러다 베일이 벗겨지면 생각과 현실이 다를 수도 있다. 자신이 최대다수의 최대행복에 있어 소수파에 들어갈지도 모르는 것이다. 따라서 모든 사람이 평등이라는 공통 원리를 선택할 것이고 이것이 정의로 이어질 것으로 생각했다.

롤스는 정의의 원리를 두 종류로 나누어보았다. 제1원리는 모든 사람은 평등하게 최대한의 기본적 자유(언론의 자유나 종교의 자유 등)를 가져야 한다는 것이다.

누군가의 기본적 자유를 제약하는 것은 타자에게 기본적 자유를 양보하는 경우에만 가능하다. 불평등을 해결하기 위해 자유를 제한해서는 안 된다. 제2원리는 사회, 경제적 자원분배에 관해 다음의 두 가지 상황을 위해서는 불평등이 정당화된다는 것이다.

1. 사회, 경제적 자원을 얻기에 유리한 직업이나 지위에 닿을 가능성을 모든 사람에게 공정하게 열어두기 위해(공정한 기회균등 원리)
2. 가장 불리한 상황에 있는 사람들의 이익을 최대화하기 위해(격차 원리)

롤스의 정의론

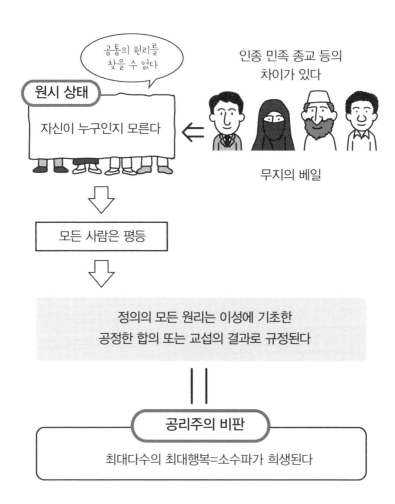

원시 상태라면 모두 평등주의를 선택한다

이는 집안이나 재능에 혜택받은 사람은 우연히 그렇게 된 것이므로 불우한 사람에게 편익을 분배해야 한다는 생각이다.

부자에게 엄격하게 과세하는 것은 국가에 의한 착취?

롤스의 《정의론》은 큰 반향을 불러일으켰지만 비판도 있었다. 자유주의가 심화되면 자유지상주의가 된다. 미국의 철학자 로버트 노직Robert Nozick, 1938~2002년은 롤스의 복지국가적 면을 비판하며 고전적인 야경국가(기능을 안전보장이나 치안유지 등 최소한으로 한 국가)가 정의라고 생각했다.

사회계약설에서는 국가성립 이전의 상태를 자연 상태(134쪽 참고)라고 본다. 노직에 따르면 사람들의 생명이나 재산에 관한 권리의 침해가 발생할 때 개인이 그것에 대처하기에는 한계가 있어서 사람들은 상호 협력하여 동맹을 형성한다. 노직은 이를 보호협회라 부른다. 그리고 이 보호협회로부터 보호를 받지 못하는 사람이 생기지 않도록 '지배적인 보호협회'를 만들어 무료 보호 서비스를 제공한다. 지배적인 보호협회의 철학에 따라 국방이나 경찰업무 등 최소한의 기능만을 수행하는 '최소국가'가 성립한다는 것이 노직의 생각법이다.

노직은 복지국가는 정의에서 벗어난 것이라 주장하며 이를 확장국가라고 불렀다. 확장국가에 의한 사회복지 때문에 부자에게서 빈곤층에게 자산을 분배하는 것은 국가가 부자의 재산권을 침해하는 것이라고 주장한다.

노직은 인기 있는 농구선수의 예를 들며 선수가 번 돈에 과세해 빈곤층에게 재분배하는 것은 선수에게 강제노동을 시키는 것과 같다고 말했다. 누군가의 노동성과를 빼앗는 것은 그 사람에게 무보수 노동을 강제하는 것과 같다는 것이다. 노직은 소유권을 중심으로 한 개인의 자유를 강조했다. 이것이 자유지상주의다. 자유지상주의에서는 고소득자에게 엄격하게 과세하는 것은 국가가 그들을 착취하는 것과 같다고 주장할 수 있다. 이처럼 노직은 롤스의 생각법을 비판했지만 롤스의 자유주의의 흐름에 얹혀 사상적 지위를 얻었다.

부유해질수록 빈곤해진다?

사람들은 자유경쟁의 원리에 따라 경제활동을 하고 사회의 부가 증대되면 쾌락도 증대된다. 일반적으로 경제성장은 바람직하다. 옛날에는 TV도 흑백이었고 가정용 비디오 녹화기 등은 상상도 못 했다. 컴퓨터나 휴대전화 등은 SF소설에서나 나올 법한 이야기였다. 머지않은 미래에 지금처럼 기술이 발달할 것으로 생각한 사람은 많지 않았을 것이다. 냉온방 완비 환경이나 식품 품종의 다양함, 컴퓨터로 대부분의 생필품을 살 수 있는 것, 인터넷 상점의 편리함 등 수십 년 전과 비교해보면 놀라울 만큼 바뀌어버린 세상에서 우리는 쾌락을 누리고 있다.

그런데 부의 증대에 비례해 고통스럽다. 편리한 물건이 늘면 그만큼 바빠지는 듯하다. 또 자신만 뒤처지는 듯한 느낌도 받는다. 결국 바쁠 때나 한가할 때나 고통을 느낀다. 이것은 왜일까? 새로운 컴퓨터나 TV가 발매되어 구매하면 금세 신제품이 나온다. 규격이 바뀐 것도 있어서 얼마 전까지 쓰던 물건이 순식간에 구닥다리가 되어버린다. 세련된 디자인만 보고 구매를 서둘러도 결과는 같다. 늘 신제품이 나오기 때문에 신형이 나오면 사야지 하고 생각하면 영원히 사지 못한다. 자본주의에서 충분한 만족이란 없다. 늘 새로운 욕망을 부채질하고 다음 신제품을 개발하고 구매의욕을 불러일으키는 광고가 나온다.

'이런 세상도 나름대로 재미있지 않나?'라고 생각하는 이는 재능과 체력을 겸비한 사람들뿐이다. 에피쿠로스(47쪽 참고)처럼 소박한 식사와 옷만 있으면 좋다고 생각하는 사람은 자본주의의 구조에서 살아남는 것에 고통을 느낀다. 왜 자동차를 수시로 바꿔야 할까? 왜 굳이 휴대전화로 인터넷까지 해야 할까? 통화와 문자 기능으로 만족하면 안 될까? 컴퓨터 OS가 새로 나와 업데이트를 해보면 지금까지 사용했던 소프트웨어가 작동하지 않는다는 것 말고 달라진 점을 느낄 수 있는가? 캔 커피의 라벨은 바뀌었는데 속은 그대로이거나 오히려 질이 떨어지는 느낌이 들 때도 있다.

신용카드, 전자 머니는 편리하지만 편리한 만큼 돈을 낭비하게 된다. 포인트를 두 배로 적립해준다는 이벤트에 홀려 필요하지 않은 것을 산다든지 적립한 포인트보다 훨씬 많은 지출을 하기도 한다.

좋은 손목시계를 차면 일이 잘된다고 자기 합리화를 하며 10만 원이나 하는 시계를 사도 표시되는 시간은 2만 원짜리 시계와 똑같고 일에 효율이 더 생기는 것도 아니다. 나에게 주는 보상이라 주문을 걸며 그저 소비할 뿐이다. 친구 결혼식이나 다양한 이벤트, 일 관련 사교 등 자신의 의지와는 상관없는 지출도 많다.

돈을 펑펑 쓰며 엄청나게 먹고 마셔댄 뒤 찐 살을 빼겠다며 다시 돈을 들여 피트니스 클럽에 가입한다. 그런다고 생활은 달라지지 않는다.

자유경쟁이란 노동과 소비의 토끼잡이 레이스

우리는 사실 그렇게 많이 필요하지 않다고 마음속에서 외치고 있는지도 모른다. 그러나 컴퓨터를 사면 프린터나 넷 라우터, 애플리케이션 소프트, 전기료 등 점점 부가적인 지출이 따른다. 컴퓨터뿐이 아니다. 옷을 하나 사면 그에 어울릴 만한 다른 옷도 사야 하고 보관하기 위한 수납 케이스도 필요해진다. 지출은 연속적으로 늘어난다. 단순하게 살고 싶다고 생각해도 차차 밀려드는 얽히고설킨 파도가 우리를 덮친다.

쉬면 뒤처질까 봐 끊임없이 일한다. 일하려면 장비가 필요하고, 장비 구매대금을 벌기 위해 다시 일한다. 이렇게 노동과 소비의 끊임없는 고리에 휘말리는 것이 보통 사람들이다. 그러나 자유지상주의의 생각법에서는 시장이 자유롭게 경쟁하며 새로운 서비스가 생겨나고 사회에 충분한 공헌을 하는 사람은 많은 수입을 얻는 것이 당연하다. 이러한 구조 덕분에 가난한 사람도 가난에서 헤어나올 수 있다고 생각한다. 격차 사회에 사는 사람이 격차 없는 사회에 사는 사람보다 풍요롭다는 것이다.

오늘날의 젊은이들은 1만 5천 원만 있으면 몇 분 안에 프라이드 치킨을 먹을 수 있다. 사소한 일일수도 있지만, 이는 사회 구조가 혁명적으로 변한 결과이기도 하다. 옛날에는 프라이드 치킨은 1년에 한 번 먹을까 말까 한 음식이었다. 우리의 생활은 상상을 뛰어넘는 과학기술의 진보와 경제성장으로 뒷받침되고 있다.

개인은 시장의 꼭두각시?

자유주의에 반대해 공동체주의의 태도를 보인 사람들이 있었다. 공동체주의자란 자유주의에 대한 비판세력으로서 주목을 받은 사상가들을 부르는 말이다. 찰스 테일러Charles Taylor, 1931년~, 마이클 왈저Michael Walzer, 1935년~, 알래스데어 매킨타이어Alasdair Macintyre, 1929년~, 마이클 샌델 등이 이에 속한다.

자본주의의 자유 시장에서는 자유경쟁을 통해 힘을 가진 대기업이 중소기업을 차차 흡수해 도태시킨다. 복지국가는 이를 바로잡기 위해 약자를 보호하고 평등화를 추진하려 한다. 그러나 개인은 시장권력에 맥없이 휘둘리고 국가가 힘을 발휘하려 해도 개인의 생각이 위에까지 전해지지 않는다.

공동체주의자는 자유주의 사회에서 사람들이 공동의 가치를 잃어간다고 생각했다. 시장에서는 수요와 공급에 의한 화폐 가치가 기준이 되고 경제적인 효율성이 없어지며 부의 추구가 지배원리가 된다. 따라서 유해한 사진이나 그림, 가십, 인간의 장기 등 팔 수 있는 것이라면 무엇이든 시장에 나온다. 이렇게 되자 자본주의 시장에서는 공동의 도구나 가치는 어떻게 되어도 상관없는 것으로 여겨져 인간관계마저 얄팍해진다. 이 개인주의적, 시장주의적인 방식은 가족에게까지 영향을 미쳐 가족 구성원끼리도 저마다 다른 가치관을 갖고 산다. 이렇게 되자 가족 간의 연결이 약해지고 사회 근본인 가족 공동체가 파괴된다. 이런저런 귀찮음에서 해방되어 자유를 손에 넣었을지는 몰라도 그 뒤를 잇는 것은 공동체 붕괴다.

역사와 가치관을 이어받는 것

공동체주의자에 따르면 자유지상주의에 의한 자유사회에는 공동체의 가치가 존재하지 않는다. 그 결과 모든 책임이 개인에게 돌아오고 결국 개인의 자유는 실현되지 못한다. 미국의 정치철학자 마이클 샌델 Michael Sandel, 1953년~ 은 《자유주의와 정의의 한계》에서 자유주의를 다음과 같이 비판했다.

롤스는 사람에게 무지의 베일이 씌워져 자신의 환경에 관한 지식을 차단당하면 평등하고 정의에 가까운 의사결정을 행한다고 주장했다. 그러나 샌델은 사람들 각자의 존재 방식을 이해하기 위해서는 그 개인이 어떤 가족과 지역공동체 안에 놓여 있는지를 생각해야 한다고 했다.

공동체주의자는 공동체가 역사 안에서 꾸준히 지켜온 선(공동선)을 중요시한다. 그것이 이어져 내려올 수 있었던 이유는 어떤 목적이 있었기 때문이다. 이는 아리스토텔레스의 "최고의 플루트는 최고의 연주자에게 주어진다"는 말과 통한다. 플루트는 좋은 울림을 내는 것이 목적이고, 연주자는 플루트를 잘 부는 것이 목적이기 때문이다. 어떤 행위를 선이라고 하는 이유는 그 행위가 명예롭고 칭찬받을 가치가 있기 때문이다.

　따라서 정의의 기준은 명예롭고 가치 있는 것이 된다. 사람들의 마음에 공통되는 가치관을 목표로 해 나아가는 것이 선이다. 역사는 공동체를 통해 이어져 내려오고 그 안에 가치관이 있으며 오늘을 사는 우리도 공동체의 일원이다.

　자유주의, 자유지상주의와 공동체주의는 저마다 다양한 정의관을 주장하고 이는 고대철학과 연결되어 있다. 우리도 이들의 생각법을 토대로 다른 시점에서 생각해보면 지금까지 알아차리지 못했던 새로운 측면을 볼 수 있을 것이다.

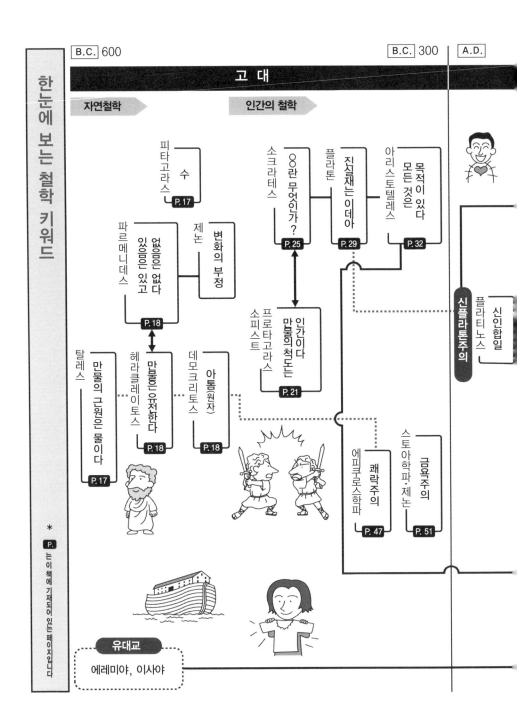

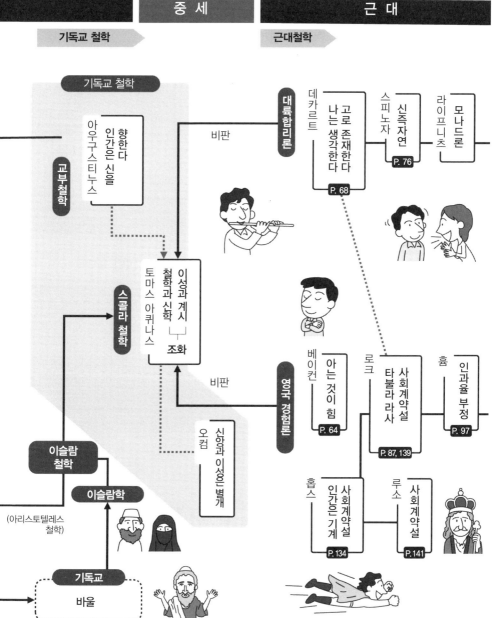

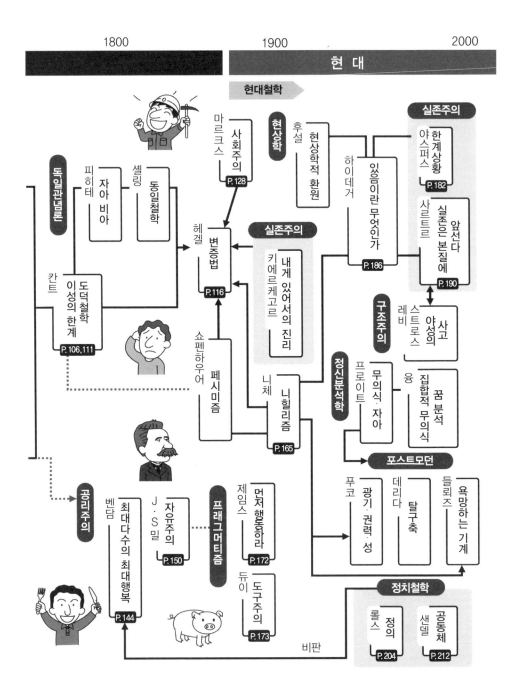

1800 1900 2000

현 대

현대철학

독일관념론

피히테 자아＝비아

셀링 동일철학

칸트 이성의 철학의 한계 P.106,111

마르크스 사회주의 P.128

헤겔 변증법 P.116

실존주의

키에르케고르 내게 있어서의 진리

쇼펜하우어 페시미즘

니체 니힐리즘 P.165

현상학

후설 현상학적 환원

하이데거 있음이란 무엇인가 P.186

실존주의

야스퍼스 한계상황 P.182

사르트르 실존은 본질에 앞선다 P.190

구조주의

레비스트로스 야성의 사고

정신분석학

프로이트 무의식·자아

융 집합적 무의식 꿈 분석

포스트모던

푸코 광기·권력·성

데리다 탈구축

들뢰즈 욕망하는 기계

공리주의

벤담 최대다수의 최대행복 P.144

J·S밀 자유주의 P.150

프래그머티즘

제임스 머저행동하라 P.172

듀이 도구주의 P.173

정치철학

롤스 정의 P.204

샌델 공동체 P.212

비판

216